KB213398

상속의 정석

상속의 정석

초판 1쇄 발행 2025. 1. 13.

지은이 정지훈, 김형석
펴낸이 김병호
펴낸곳 주식회사 바른북스

편집진행 박하연
디자인 양헌경

등록 2019년 4월 3일 제2019-000040호
주소 서울시 성동구 연무장5길 9-16, 301호 (성수동2가, 블루스톤타워)
대표전화 070-7857-9719 | **경영지원** 02-3409-9719 | **팩스** 070-7610-9820

•바른북스는 여러분의 다양한 아이디어와 원고 투고를 설레는 마음으로 기다리고 있습니다.

이메일 barunbooks21@naver.com | **원고투고** barunbooks21@naver.com
홈페이지 www.barunbooks.com | **공식 블로그** blog.naver.com/barunbooks7
공식 포스트 post.naver.com/barunbooks7 | **페이스북** facebook.com/barunbooks7

ⓒ 정지훈, 김형석, 2025
ISBN 979-11-7263-924-2 03320

누구나 알기 쉽게 풀어 쓴

상속의 정석

정지훈, 김형석 지음

자식에게
부를 물려주는
가장 현명한 방법

Standard
of
INHERITANCE

바른북스

상속은 우리가 예상할 수 없는 순간에 찾아옵니다. 하지만 상속이 발생하기 전까지는 대부분의 사람들이 상속세에 대하여 제대로 알지 못합니다. 이 책을 펼친 여러분도 아마 상속세에 대한 여러 가지 궁금증과 걱정이 있을 것입니다. "어디서부터 시작해야 할까?", "이 복잡한 절차를 어떻게 해결할 수 있을까?", "상속세는 어떻게 계산될까?" 등의 질문이 머릿속을 맴돌고 있을지도 모릅니다.

하지만 상속인의 처지에서 상속세에 대한 마땅한 정보를 찾기가 어렵습니다. 인터넷을 검색해봐도 글마다 말이 다르거나, 단순히 법조문을 나열하여 이해하기 어려운 글들이 대부분이기 때문입니다.

상속의 정석은 이러한 상속인들을 위해 쓰여진 가이드라인입니다. 이 책의 특징은 다음과 같습니다.

① 실제 상담사례를 기반으로 한 질의응답

상속세 상담을 진행하며 상속인들이 가장 많이 묻는 질문 38가지를 선정하고, 그에 대해 명확한 해답을 기재하였습니다.

② 누구나 쉽게 이해할 수 있는 해설

어려운 법조문을 나열하기보다는 상속인들의 눈높이에 맞춰 풀어쓴 책입니다. 이해를 돕기 위한 여러 가지 실전사례와 예시가 함께 담겨있습니다.

③ 상속 전반에 걸친 정보제공

단순히 상속세 신고에만 집중하는 것이 아니라, '상속이 개시되기 전의 절세방법', '사망신고 등 절차', '상속세 신고 필요서류', '세무조사', '재산분할 방법' 등 상속인들이 관심 있어 할 내용을 함께 기재하였습니다.

이 책이 어렵게 느껴지던 상속세에 대한 전반적인 이해를 돕고, 상속인들이 조금이나마 상속세에 대한 부담을 덜기를 기원합니다. 끝으로 이 책은 많은 분의 도움으로 완성되었습니다. 이 책의 감수를 진행해주신 김형우 팀장님, 법률적인 자문을 아끼지 않은 김희원 변호사님, 그리고 언제나 묵묵히 응원해준 가족들에게 감사의 말을 전합니다.

정지훈, 김형석 세무사

CONTENTS

프롤로그

CHAPTER 0.
상속이 일어나기 전이라면

CHAPTER 1.
상속세 가이드라인

CHAPTER 2.
상속세 납부방법은 뭐가 있을까

CHAPTER 3.
상속세를 줄일 수 없을까

CHAPTER 4.

상속재산, 어떤 금액으로 신고하는 걸까

CHAPTER 5.

세무조사를 준비한다면

CHAPTER 6.

그 밖의 자주하는 질문

CHAPTER 7.

부록

CHAPTER 0.

상속이
일어나기
전이라면

1.

증여세 절세의 정석,
10년 주기 증여

오늘날 자녀를 둔 부모의 가장 큰 고민 중 하나는 '내 자녀에게 재산을 어떻게 물려줄까'입니다. 날이 갈수록 상승하는 부동산 가격과 물가를 보며, 자산가치가 더 상승하기 전에 내 자식에게 한 푼이라도 더 물려주고 싶어하시는 분들이 많습니다. 하지만 최대 50%에 달하는 증여세율을 무시하고 무턱대고 증여하면 거액의 세금을 내게 될 수 있습니다.

때문에 세금을 아끼기 위해서는 보다 효율적인 전략을 세워야 합니다. 증여세 절세를 위한 정석적인 전략은 '분산증여'입니다. '분산증여'는 증여받는 사람을 분산하는 방법과, 증여시기를 분산하는 방법이 있습니다.

증여받는 사람도 분산하면서, 증여시기도 분산하는 경우 최적의 절세플랜이 세워질 수 있습니다. 다만, 이러한 방법은 워낙 다양한 케이스가 나올 수 있으므로, 이번 챕터에서는 '증여시기'를 분산하는 절세전략에 대해서 말씀드리려고 합니다.

10년 주기 증여전략

증여전략에서 가장 정석에 가까운 방법은 '10년 주기 증여전략'입니다. 이 전략은 정말 간단합니다. 자녀에게 10년을 주기로 증여를 하는 것이 이 전략의 전부입니다. 자녀가 미성년자라면 2천만원, 성년이라면 5천만원까지는 증여재산 공제가 적용되어 증여세가 발생하지 않습니다. 이때 증여재산 공제액은 10년마다 다시 초기화되기 때문에, 10년 주기로 반복하여 증여하는 것이죠.

사실 10년 주기 증여전략은 이미 많은 매스컴이나 책에서도 소개될 정도로 유명한 절세 방법이지만, (저자의 경험상) 안타깝게도 이를 실제로 활용하시는 분들은 많지 않습니다. 그 이유는 10년 주기 증여전략의 절세효과를 쉽게 체감하기 어렵기 때문일 것입니다.

때문에 아래에서는 10년 주기 증여전략이 실제로 얼마나 절세효과가 있는지 여러 가지 사례를 통해 설명해 드리려고 합니다. 아래 사례들은 자녀가 출생한 시점부터 만 30세까지 10년마다 반복적으로 증여를 받는 상황을 가정하였습니다.

기본전략(증여세 없이 1.4억원 증여)

시기	증여금액	증여공제	세율	증여세	비고
출생 시	2천만원	2천만원	0%	0원	미성년자 2천만원 공제
만 10세	2천만원	2천만원	0%	0원	〃
만 20세	5천만원	5천만원	0%	0원	성년자녀 5천만원 공제
만 30세	5천만원	5천만원	0%	0원	〃
합계	**1.4억원**	**1.4억원**	–	–	

가장 기본적인 증여전략입니다. 출생 시부터 시작하여 10년 단위로, 증여세를 내지 않는 범위에서 증여하는 방법입니다. 이 방법의 최대 장점은 증여세를 한 푼도 내지 않으면서 자녀에게 최대 1.4억원을 증여할 수 있다는 점입니다.

여기서 증여의 효과를 극대화하기 위해, 현금증여 대신 ETF나 펀드 혹은 부동산 등 장기적으로 우상향하는 투자상품을 증여하는 것이 최근 트렌드입니다. 만약 30년 전에 10년 주기 증여전략으로 S&P500 ETF[*]를 증여했다면, 만 30세 자녀가 손에 쥘 재산은 약 6.32억원이나 됩니다. (물론 ETF는 원금손실 가능성이 있기에, 개인의 투자성향에 따른 선택이 필요합니다.)

[*] 세계적으로 가장 유명한 ETF로 미국의 S&P500 지수를 추종하는 상품입니다. 과거 30년 연평균 수익률은 약 9.72%이라고 합니다.

10% 전략(증여세 10%만 부담하고, 5.4억원 증여)

시기	증여금액	증여공제	세율	증여세	비고
출생 시	1.2억원	2천만원	10%	1천만원	미성년자 2천만원 공제
만 10세	1.2억원	2천만원	10%	1천만원	〃
만 20세	1.5억원	5천만원	10%	1천만원	성년자녀 5천만원 공제
만 30세	1.5억원	5천만원	10%	1천만원	〃
합계	5.4억원	1.4억원	10%	4천만원	

만약 경제적으로 조금 더 여유가 있다면 기본전략보다는 10%전략을 사용하시는 것이 좋습니다. 10% 전략이란, 10년 주기로 증여세율이 10%를 넘지 않는 범위에서 증여하는 전략입니다.

세금을 일부 부담하더라도 자녀에게 조금 더 큰 종잣돈을 마련해주고 싶다면, 이 방법이 좋은 전략이 될 수 있습니다. 10% 전략으로 증여하는 경우, 4천만원의 증여세를 내면 총 5.4억원을 증여할 수 있습니다.

자녀의 입장에서 생각해봤을 때, 1.4억원(기본전략)을 종잣돈 삼아 경제생활을 시작하는 것과, 5.4억원(10%전략)을 종잣돈 삼아 경제생활을 시작하는 것은 상당한 차이가 있을 수 있습니다.

조부모 + 10%전략

시기	증여금액	증여공제	세율 (세대생략 할증과세)	증여세
출생 시	1.2억원	2천만원	13% (할증과세 30% 포함)	1천300만원
만 10세	1.2억원	2천만원	13% (할증과세 30% 포함)	1천300만원
만 20세	1.5억원	5천만원	13% (할증과세 30% 포함)	1천300만원
만 30세	1.5억원	5천만원	13% (할증과세 30% 포함)	1천300만원
합계	5.4억원	1.4억원	13%	5천200만원

개인적으로 10년 주기 증여전략 중에서 가장 효과가 크다고 생각하는 전략입니다. 조부모가 경제적 여유가 있다면, 부모보다는 조부모가 증여하는 것이 가족 전체의 절세측면에서 유리합니다.

조부모가 부모에게 증여하고, 부모가 자녀에게 증여하는 경우에는 증여세를 각각 1번씩 총 2번을 내야 하지만, 조부모가 손자녀에게 곧바로 증여하게 되면 증여세를 1번만 내면 되기 때문입니다. 물론, 이렇게 1세대를 건너뛰고 증여를 하는 경우, 증여세가 30% 할증되는 '세대생략할증과세'라는 불이익이 있습니다.

이러한 불이익을 감안하더라도 증여세를 2번 내는 것보다는, 할증과세로 증여세를 1번만 내는 것이 유리합니다. 조부모 전략을 활용하면서, 앞서 말씀드린 ETF 등의 투자상품을 함께 활용한다면 증여의 효과는 더욱 극대화될 수 있습니다.

2.

사전증여,
오히려 독이 될 수 있다?

상속세를 조금이라도 아끼기 위해, 상속이 개시되기 전에 미리 자녀에게 증여(사전증여)를 하는 경우가 있습니다. 사전증여로 상속세를 절세할 수 있다는 얘기를 매스컴과 책을 통해 쉽게 접할 수 있다 보니, '내가 죽기 전에 자녀에게 조금이라도 증여를 하고 가야겠다'라고 생각하시는 분들이 많습니다.

그러나 안타깝게도 사전증여가 항상 정답이 되는 것은 아닙니다. 경우에 따라 사전증여로 인해 상속세가 절세되기는커녕, 오히려 상속세가 더 나오는 경우가 있기 때문입니다. 그래서 이번 챕터에서는 이렇게 사전증여를 함으로써 오히려 절세에 불리하게 적용되는 경우에 대하여 말씀드리려고 합니다.

사전증여,
사망 전 10년 이내라면 굳이?

일반적으로 상속세는 고인이 남긴 재산에 대해 내는 세금으로 알고 계신 경우가 많습니다. 그러나 세법에서는 과거 10년간 고인이 상속인(혹은 5년간 상속인 외의 자)에게 증여한 금액이 있는 경우, 그 금액에 대해서도 상속세를 부과합니다.

상속세 신고대상 재산 (①+②)

① 고인이 사망하면서 남긴 재산 (= 실제 상속재산)
② 고인이 상속인에게 과거 10년간 사전에 증여한 재산 (= 사전증여재산)
　　[고인이 '상속인이 아닌 자'에게 증여한 경우, 과거 5년간 증여한 재산]

그 이유는 사망을 예상할 수 있는 단계에서 상속재산을 미리 증여하여 상속세 부담을 회피하는 것을 방지하기 위함입니다. 결론적으로 사전증여재산에 대해서도 상속세를 부과하다 보니, 사망 전 10년 이내라면(상속인이 아닌 자에게 증여한 경우라면 5년), 미리 주는 것에 대한 실익이 크지 않다고 볼 수 있습니다.

물론 사망 전 10년 이내의 사전증여라도 실익이 전혀 없는 것은 아닙니다. 향후 가치가 오를 것이라 예상되는 부동산 등을 미리 증여하면, 증여한 시점의 가격으로 상속세를 낼 수 있는 장점이 있습니다.

재산이 10억원 이하라면 사전증여가 불리할 수 있어

먼저 상속세에는 여러 가지 공제제도가 있습니다. 일반적으로 흔히 알려진 일괄공제(5억원), 배우자공제(5억원~30억원), 금융재산상속공제 등이 있습니다.

세법에서는 이러한 공제를 적용할 때, '종합한도'를

두고 있습니다. 여러 가지 공제를 동시에 적용할 수 있지만, 그 한도를 두는 것이죠.

그런데 종합한도 규정에는 한 가지 특이한 점이 있습니다. 종합한도를 적용할 때는 '상속세 과세가액에서 사전증여재산(증여공제 받은 금액은 제외)'만큼을 차감해야 합니다. 쉽게 말해서, 상속개시일 이전에 사전증여 받은 재산에 대하여는 상속공제를 적용해주지 않겠다는 의미입니다. 아래 예시를 통해 구체적으로 설명해 드리겠습니다.

[Case1] 사전증여 없이,
10억원을 상속받은 경우

구분		금액		비고
상속세 과세가액		10억원		사전증여 0원
상속공제	일괄공제	5억원	총 10억원	–
	배우자공제	5억원		–
상속공제 적용금액		10억원		종합한도* (10억 – 0원 = 10억원)
과세표준		0원		–
세율		–		–
상속세		**0원**		–

* 상속세 과세가액 – 사전증여재산(증여공제 받은 금액은 제외)

[Case1]을 보면 상속재산 10억원을 상속받은 경우, 배우자공제와 일괄공제를 적용하여 상속세를 한 푼도 내지 않았습니다.

[Case2] 사전증여로 1억(5천만원은 증여공제)을
미리 증여받고, 9억원을 상속받은 경우

구분		금액	비고
상속세 과세가액		10억원	사전증여 1억원 (0.5억원은 증여공제)
상속공제	일괄공제	5억원	총 10억원	–
	배우자공제	5억원	–
상속공제 적용금액		9.5억원	종합한도* (10억 – 0.5억원 = 9.5억원)
과세표준		0.5억원	–
세율		10%	–
상속세		**5백만원**	–

* 상속세 과세가액 – 사전증여재산 (1억원 중 증여공제받은 0.5억원은 제외)

그런데 [Case2]를 보면, 동일하게 10억원(상속재산 9억원 + 사전증여 1억원)을 상속받았더라도 사전증여 때문에 상속공제 한도가 낮아져 상속세를 5백만원이나 내야 합니다. 결론적으로 사전증여를 함으로써 오히려 세금이 더 나오게 되는 것이죠.

때문에 사전증여를 할 때에는 종합한도를 고려하여 신중하게 진행하는 것이 좋습니다. 특히 상속재산이 10억원(배우자가 없는 경우 5억원)을 넘지 않을 때 사전증여를 한다면, 상속공제 종합한도가 줄어들어 상속세에서 손해를 볼 가능성이 높으니 유의하셔야 합니다.

3.

재산을 불리는 능력을
함께 물려주려면?

"물고기를 주지 말고 물고기 잡는 법을 가르쳐라"

탈무드에 나오는 이 격언은 모르는 사람이 없을 정도로 유명한 말입니다. 탈무드가 나온 지 수천 년이 지난 현재에도 부모들은 자녀에게 단순히 재산을 물려주기보다는, 재산을 불리는 능력을 함께 물려주기를 희망합니다.

이때 '창업자금에 대한 증여세 과세특례' 제도를 활용하면, 재산뿐만 아니라 재산을 불리는 능력도 함께 물려줄 수가 있습니다. 부모가 자녀에게 창업자금을 증여하고, 자녀는 그 돈을 밑천으로 창업하여 스스로 재산을 증식하는 것이죠.

창업자금에 대한 증여세 과세특례를 적용할 경우 5억원까지는 세금 없이 증여할 수 있으며, 50억원(10명 이상 고용 시 최대 100억원)까지는 단 10%의 세율로 증여할 수 있습니다. 물론 여러 가지 요건을 갖추어야 하지만, 이를 충족한다면 세금 측면에서 굉장히 파격적인 규정입니다.

일반증여와 창업자금증여 특례의 차이

일반증여와 창업자금증여는 세금에서 엄청난 차이가 납니다. 아래 표를 예시로 설명해 드리겠습니다.

구분	일반 증여	창업자금 증여
증여금액	5억원	5억원
증여공제	5천만원	5억원
과세표준	4.5억원	0원
세율	10~20%(누진공제)	0%
증여세	**8천만원**	**0원**

일반적인 증여는 10년간 5천만원을 공제받을 수 있지만, 창업자금증여 특례는 5억원을 공제받을 수 있습니다. 똑같이 5억원을 증여한다면 일반 증여는 8천만원의 증여세가 발생하지만, 창업자금 특례는 증여세가 한 푼도 발생하지 않는 것이죠.

이처럼 창업자금 특례는 엄청난 혜택을 제공하지만, 장점만 있는 것은 아닙니다. 창업자금증여 특례를 통해 증여받은 금액은, 추후 부모님이 돌아가셨을 때 상속재산에 합산되어 상속세가 과세됩니다. 다행인 것은, 창업 이후에 증가한 부가가치는 상속재산에 합산되지 않고 순수하게 창업 당시 증여받은 금액만 합산됩니다. 예를 들어 5억원을 창업자금으로 증여받은 후, 상속 당시 기업가치가 50억까지 상승하였더라도 최초에 증여 받은 5억원에 대하여만 상속재산에 합산됩니다.

창업자금증여 특례의 요건

창업자금증여 특례를 적용받기 위해서는 아래 4가지 요건을 모두 충족하여야 합니다. 이 중 하나라도 충족 하지 않는 경우, 창업자금증여 특례가 아닌 일반 증여 로 간주하므로 주의가 필요합니다.

구분	창업자금증여 특례의 요건
1	18세 이상인 자녀가 60세 이상의 부모로부터 재산을 증여받아야 합니다.
2	증여받는 재산은 토지나 건물 등 양도소득세 대상물건이 아니어야 합니다.
3	자녀는 증여받은 금액을 창업자금으로 사용하여야 합니다.
4	자녀가 창업하는 기업은 세법에서 정한 업종요건을 충족하여야 합니다.

창업자금증여 특례의 사후관리

창업자금증여 특례를 통하여 증여세를 감면받은 경우, 아래 4가지의 사후의무요건을 이행해야 합니다.

구분	추징되는 경우
1	창업자금을 증여받은 날로부터 2년 이내에 창업하지 않는 경우
2	창업자금을 창업한 사업과 무관하게 사용하는 경우
3	창업일로부터 4년 이내에 증여받은 창업자금을 모두 사용하지 않는 경우
4	창업한 사업을 10년간 계속하지 않는 경우(휴업·폐업 등)

창업자금을 증여받은 후 이를 다른 용도로 사용하거나, 창업한 사업을 유지하지 않는 등의 편법증여를 방지하기 위해, 사후관리요건이 매우 엄격하게 적용됩니다. 따라서 처음 증여할 때부터 이러한 사후관리요건을 충족할 수 있는지 면밀하게 검토해보는 것이 필요합니다.

4.

부동산 증여의
새로운 트렌드, 저가양도

2024년, 서울 아파트의 중위가격이 사상 처음으로 10억원을 돌파하였다고 합니다. 이렇게 부동산 가격이 가파르게 상승하다 보니, 부모 입장에서도 부동산 1채를 자녀에게 온전히 증여하는 것은 상당히 부담스러운 일이 되었습니다. 부모가 자녀에게 부의 일부를 미리 증여하고 싶어도, 부동산을 통째로 주기에는 너무 큰 금액이고 현금으로 증여하자니 노후자금이 부족한 경우가 많습니다.

이때, 자녀에게 부동산을 싸게 파는 방식, 즉 '저가양도'를 통하여 부를 이전해주는 방법이 있습니다. 예를 들어 시가(시세) 10억원짜리 아파트를 자녀에게 9억원에 판다면, 사실상 1억원을 증여한 효과를 보는 셈입니다.

하지만 국세청은 이러한 가족 간의 거래를 일반적인 거래로 인정하지 않고, 증여로 간주합니다. 따라서 가족 간에 부동산을 저가로 거래한 경우, 증여한 것으로 보아 증여세를 과세해 버리는 것이죠.

다만, 위 규정에는 예외가 있습니다. 가족 간에 부동산을 싸게 팔더라도 시가(시세)와 거래대금의 차이가 30% 이내(3억원 한도)라면 증여세를 과세하지 않습니다. 시가(시세)와 거래대금의 차이가 크지 않으니, 가족 간 거래라고 하더라도 예외적으로 '정상거래'라고 보는 것이죠.

예를 들어 부모가 자녀에게 시가 10억원인 주택을 7억원에 싸게 파는 경우, 시가(시세)와 거래대금의 차액이 30%(3억원 한도) 이내이므로 증여세가 한 푼도 발생하지 않습니다.

자녀에게 주택 매도 시
양도소득세도 함께 고려해야

자녀에게 주택을 매도한 부모는 양도소득세를 내야하는 것이 원칙입니다. 만약 부모가 1세대 1주택 비과세 대상이 아니라 양도소득세를 내야 한다면, 저가양도는 추천하지 않습니다. 자칫하면 양도소득세 폭탄이 나올 수 있기 때문입니다.

앞서 가족 간에 부동산을 싸게 팔더라도, 시가(시세)와 거래대금의 차이가 30% 이내(3억원 한도)라면 정상적인 거래로 보아 '증여세'가 과세되지 않는다고 말씀드렸습니다. 그런데 양도소득세에서는 가족 간 부동산 거래에 대하여 '정상거래'로 보는 기준이 증여세와 큰 차이가 있습니다. 양도소득세에서는 시가(시세)와 거래대금의 차이가 5% 이내(3억원 한도)일 때만 정상적인 거래로 보기 때문입니다. 예를 들어 설명해 드리겠습니다.

[Case] 10억짜리 주택(1세대 1주택 비과세X)을
자녀에게 7억원에 파는 경우

구분	자녀	부모
세 목	증여세	양도소득세
정상거래 범위	시가(시세)와 거래가의 차이가 30%이하이면서 3억원 미만	시가(시세)와 거래가의 차이가 5%이하이면서 3억원 미만
과세문제	정상거래이므로, 증여세 과세 안됨	정상거래가 아니므로, 시세(10억)를 기준으로 양도세 계산됨

예시처럼 시가 10억원인 주택을 7억원에 싸게 파는
경우, 증여세에서는 이를 정상적인 거래로 보아 증여세
를 과세하지 않습니다. 그런데 양도소득세에서는 시가
(시세)와 거래대금의 차이가 5%를 초과하기 때문에 이를
정상적인 거래로 보지 않습니다. 이 경우 양도소득세는
거래대금인 7억원을 기준으로 산정되는 것이 아니라,
시세인 10억원을 기준으로 계산됩니다.

결론적으로 1세대 1주택 비과세를 적용받지 못할 때
자녀에게 저가양도를 하면, 예상치 못한 양도소득세 폭
탄을 맞을 수 있으므로 주의가 필요합니다.

5.

현명하게
유언하려면?

　상속을 앞둔 부모들은 내가 죽은 후에 재산을 어떻게 나눠줘야 할지 고민이 많을 수밖에 없습니다. 상속분쟁을 최소화하기 위하여 자녀마다 동일한 금액을 상속하면 좋겠지만, 부모로서도 더 많이 챙겨주고 싶은 자녀가 있을 수 있습니다. 극단적인 경우에는 "내가 죽으면 첫째에게 모든 재산을 상속해라"라고 유언을 남기는 일도 있습니다.

　그러나 이런 유언을 통하여 첫째에게 모든 재산을 상속할 수 있다고 생각한다면 큰 오산입니다. 상속에는

'유류분'이라는 제도가 있기 때문입니다. 유류분은 상속인이 '최소한 보장받을 수 있는 권리'이며, 법정상속지분의 50%로 계산됩니다.

따라서 고인의 유언이 있다 하더라도, 유류분을 침해당한 상속인들은 소송을 통해 권리를 되찾으려고 하는 경우가 많습니다. 소송은 보통 6개월에서 길면 3~4년이 걸릴 수 있고, 소송기간 동안 서로 다투다 보면 더 이상 가족이 아닌 철천지원수가 될 수 있습니다.

때문에 특정 자녀에게 재산을 더 주고 싶더라도, 최소한 다른 자녀의 유류분을 침해하지 않는 선에서 유언하는 것이 필요합니다. 다른 자녀에게도 최소한 유류분만큼은 분배하여 소송이 발생할 가능성을 조금이라도 줄이는 것이죠.

법정상속지분이란?

원칙적으로 '공동상속인'은 모두 동일한 법정상속지분을 가지게 됩니다. 예를 들어 공동상속인이 2명이라면 1:1의 비율, 3명이라면 1:1:1의 비율이 법정상속지분입니다.

다만, 예외적으로 배우자는 다른 공동상속인 대비 50%를 가산한 법정상속지분을 받게 됩니다. 예를 들어, 배우자와 공동상속인 1명이 상속받는 경우 1.5:1이 법정상속지분입니다.

(배우자와 공동상속인 3명이 상속받는 경우, 법정상속지분은 1.5:1:1:1)

법적 효력이 있는
유언을 하려면

TV나 드라마에서 보는 것처럼, 죽기 전에 자녀의 손을 잡으면서 "내 재산은 첫째에게 모두 물려주마"라고 한다고 재산이 첫째에게 모두 상속되는 것은 아닙니다. 이것은 법적효력이 없는 유언이기 때문입니다.

유언이 법적효력을 갖기 위해서는 법에서 정한 5가

지 방식(자필증서, 비밀증서, 녹음, 공정증서, 구수증서) 중 하나를 선택하여야 합니다. 각 방식마다 장단점이 있지만, 이번 챕터에서는 가장 흔한 방식인 '자필유서'에 대하여 자세히 설명해 드리려고 합니다. 자필유서는 말 그대로 유언자가 직접 쓴 유언장을 의미합니다. 종이와 펜만 있으면 별다른 비용이 들지 않고, 작성 방법도 간단해 많은 사람이 선호하는 방식입니다.

하지만 자필유서가 법적으로 효력을 가지려면 요건을 충족해야 합니다. 아래의 5가지 요건 중 하나라도 빠지면 법적 효력이 없으므로, 유언을 작성하실 때 신중을 기할 필요가 있습니다.

구분	자필유서의 요건
1	유서는 반드시 자필로 작성하여야 합니다. (PC나 휴대폰으로 작성X)
2	작성일 현재 거주하고 있는 주소지를 정확하게 기재하여야 합니다.
3	전문(유언할 내용)을 상세하게 기재하여야 합니다.
4	작성일 현재의 날짜(년, 월, 일)를 정확하게 기재하여야 합니다.
5	도장(혹은 지장)을 찍어야 합니다.

유 언 장

유 언 자 : 김삼속 (1948년 1월 1일생)

주 소 지 : 서울시 ○○구 ○○로 11 장미아파트 101동 402호(우편번호 111-123)

유 언 사 항

1. 서울시 ○○구 ○○로 11 장미아파트 101동 402호는 장남 김정남(1972년 3월 18일 생)에게 상속한다.

2. 경기도 이천시 ○○구 371-28, 371-29, 371-30 토지 3필지는 차남 김정식(1974년 1월 10일)에게 상속한다.

3. 그 외 모든 금융재산은 셋째 딸 김옥순(1978년 1월 1일생)에게 상속한다.

4. 위 상속의 효력은 내가 죽은 뒤부터 발생합니다.

작성일자 2024년 11월 13일

유언자 김삼속

6.

증여세가 안 나오는데
꼭 신고해야 하나요?

증여세 면제구간

증여세 과세대상은 증여재산에서 증여재산공제를 차
감한 금액입니다. 만약 증여재산보다 증여재산공제가
더 크다면 증여세가 나오지 않는데, 이렇게 증여세가
발생하지 않는 구간을 '증여세 면제구간'이라고 합니다.

증여재산 〈 증여재산공제 ⇨ 증여세 면제구간

증여재산 공제액은 수증자(증여를 받는 사람)와 증여자의 관계에 따라 달라지며, 아래와 같습니다.

관계	증여재산 공제액 (10년마다 초기화)	비고
배우자	6억원	사실혼 관계는 제외
직계존비속	5천만원	미성년자는 2천만원
기타 친족	1천만원	6촌 이내 혈족, 4촌 이내 인척으로부터 받는 경우

면제구간이어도 증여세 신고를 하면 좋은 이유

일반적으로 증여세 면제구간에 해당한다면 증여세를 신고하지 않는 경우가 많습니다. 증여세가 나오지 않다 보니, 신고에 실익이 없다고 판단하기 때문입니다.

그러나 증여세 면제구간이더라도 신고를 하는 것이 유리할 수 있습니다. 그 이유는 '자금출처 세무조사'의 확률을 낮출 수 있기 때문입니다.

자금출처 세무조사는 재산 취득자금에 대한 출처가 합법적인지를 확인하기 위해 실시하는 세무조사입니다. 납세자가 그동안 신고한 소득 대비 많은 재산을 보유하고 있을수록, 자금출처 세무조사의 확률은 높아집니다.

신고 소득 〈 재산 ⇨ 세무조사 확률↑

배우자로부터 5억원을 증여받아 6억원짜리 부동산을 구매했다고 가정해보겠습니다. 만약 증여받은 5억원에 대하여 증여세를 신고하였다면, 취득자금 6억원 중 5억원에 대한 출처가 명확하므로 자금출처 세무조사를 받을 확률은 높지 않습니다. 그런데 만약 증여세 면제구간에 해당한다고 증여세를 신고하지 않았다면, 국세청은 자금 출처에 대한 확인이 필요하다고 판단할 수 있고, 이는 곧 자금출처 세무조사로 이어질 수 있습니다.

결론적으로, 증여세 면제 한도 이내더라도 증여세를 신고한다면 자금출처 세무조사 가능성을 낮출 수 있습니다. 세금 측면에서는 신고하든 하지 않든 큰 차이가 없더라도, 세무조사 측면에서는 신고를 하는 게 실익이 있는 것이죠.

7.

생활비 · 교육비 · 치료비도
증여로 볼 수 있나요?

자산을 무상으로 이전하는 경우, 최대 50%에 달하는 증여세를 내야 합니다. 하지만 다행히도, 모든 증여에 대하여 증여세가 부과되는 것은 아닙니다. 세법에는 증여세가 비과세되는 항목들이 존재하고, 이를 잘 활용하면 조금이라도 세금부담을 줄일 수 있습니다.

대표적인 증여세 비과세 항목에는 생활비, 교육비, 치료비, 혼수용품, 축의금 등이 있습니다. 이번 챕터에서는 각각의 비과세 항목들에 대해 자세히 살펴보겠습니다.

생활비

일반적으로 가족 간에 주는 생활비는 증여세가 비과세 됩니다. 그러나 생활비라고 하더라도 증여세가 과세되는 경우가 있습니다.

먼저, 부양의무가 없는 자에게 생활비를 지급하는 경우에는 증여세가 과세됩니다. 부양의무는 배우자 혹은 미성년 자녀에게만 있습니다. 그 외의 가족은 스스로 생계를 유지할 수 없을 때에만 예외적으로 부양의무가 발생합니다. 때문에 취업준비생인 자녀에게 주는 생활비는 비과세되지만, 직장생활을 하고 있는 자녀에게 생활비를 주는 것은 증여세가 과세됩니다.

다음으로, 생활비를 받아서 재산을 형성하는 경우에는 증여세가 과세됩니다. 예를 들어 생활비를 받아서 예금·적금 등에 가입하거나 주식·부동산 등을 취득한 경우, 재산을 형성한 것으로 보아 증여세가 과세됩니다.

교육비

일반적으로 부모가 자녀에게 주는 교육비는 증여세가 비과세됩니다. 그러나 교육비 역시 생활비와 마찬가지로, 부양의무가 없는 자에게 지급하는 경우 증여세가 과세됩니다.

때문에 부모가 자녀의 교육비를 부담하는 것은 증여세가 비과세되지만, (손자녀를 부양할 의무가 없는) 조부모가 손자녀의 교육비를 부담하는 것은 증여세가 과세될 수 있습니다. 다만, 부모가 경제적으로 자녀를 부양할 수 없는 상황이라면, 조부모가 손자녀의 교육비를 부담하더라도 증여세가 비과세 될 수 있습니다.

치료비

치료비는 앞서 말한 생활비·교육비와는 달리, 부양의무와 관계없이 비과세됩니다. 이는 환자에게 발생한 치료비용을 지원하는 것이기 때문에, 부양의무를 따지지 않는 것이죠.

　단, 치료비가 비과세되기 위해서는 사회 통념상 인정되는 치료비이어야 합니다. 일반적인 질병치료 목적의 치료비는 대부분 비과세되지만, 미용 목적의 성형수술이나 건강증진을 위한 보약 등은 사회 통념상 치료비로 보지 않을 가능성이 높습니다.

자주 묻는 질문

Q. 혼수용품도 증여세를 내야 하나요?

혼수용품으로서 통상 필요하다고 인정되는 금품은 증여세가 비과세됩니다. 일반적인 가전제품, 가구에 대하여는 증여세가 비과세되지만, 차량이나 부동산 등 고가의 자산을 혼수용품으로 받는 경우에는 증여세가 과세될 수 있습니다.

Q. 축의금도 증여세를 내야 하나요?

결혼 당사자에게 준 축의금이 사회 통념상 인정되는 금액을 넘지 않는다면 증여세가 비과세됩니다. 다만, 유의하실 점이 있습니다. 부모에게 들어온 축의금은 부모의 몫이므로, 부모의 축의금을 자녀에게 주는 경우 증여세가 과세될 수 있습니다.

8.

자녀가 결혼이나
출산을 했다면?

저출산과 고령화가 심각한 사회적 문제로 대두되고 있는 가운데, 정부는 결혼과 출산을 장려하기 위해 다양한 정책을 펼치고 있습니다. 그 중 하나가 바로 '혼인·출산 증여재산공제'입니다. 2024년부터 새롭게 도입된 이 제도는, 혼인·출산을 하면 직계존속(부모, 조부모, 증조부모 등)으로부터 증여받는 재산에 대해 최대 1억원을 추가로 공제해주는 제도입니다.

혼인 증여재산공제

혼인 증여재산공제는 혼인일 전후 2년 이내에 직계존속으로부터 증여받는 경우에 적용됩니다. 여기서 혼인일이란 '혼인신고를 한 날'을 의미합니다. 결혼식을 올린 날과는 무관하니 유의해야 합니다.

혼인 증여재산공제는 최대 1억원까지 공제가 가능하기에, 기존의 일반 증여세 공제(직계존속에게 증여받을 때 5,000만원 공제)와 함께 적용하면 1인당 최대 1.5억원을 공제받을 수 있습니다. 부부 기준으로 봤을 때는, 최대 3억원을 증여받더라도 증여세가 한 푼도 안 나오는 것이죠.

출산 증여재산공제

출산 증여재산공제는 부모가 아이를 출산한 후, 출생일로부터 2년 이내에 직계존속으로부터 증여를 받을 때 적용됩니다. 중요한 점은 이 공제가 태어난 아기에게 증여할 때 적용되는 것이 아니라, 아기를 출산한 부모가 증여를 받을 때 적용된다는 것입니다. 또한, '출생일'이란 출생신고서에 기재된 날짜를 의미하며, 만약 자녀를 입양한 경우라면 '입양일'을 기준으로 합니다.

출산 증여재산공제는 혼인 증여재산공제와 다르게 출생 이전에는 적용이 어렵고, 출생 이후에 증여한 금액만 공제가 가능합니다.

또한, 혼인 증여재산공제와 출산 증여재산공제는 합산하여 1억원까지 공제가 가능합니다. 만약 혼인 증여재산공제로 0.8억원을 이미 공제받았다면, 출산 증여재산공제는 0.2억원만 가능한 것이죠.

자주 묻는 질문

Q. 23년 12월에 1억원을 증여받았고, 24년 1월에 혼인신고를 하였습니다. 혼인 증여재산공제가 가능할까요?

안됩니다. 24년 1월 1일 이후에 증여한 건부터 혼인 증여재산공제가 가능합니다.

Q. 결혼하면서 부모님에게 1억원, 조부모님에게 1억원을 증여받았습니다. 중복해서 혼인 증여재산공제가 가능할까요?

안됩니다. 직계존속으로부터 증여받은 금액을 합산하여 최대 1억원까지 공제가 가능합니다.

CHAPTER 1.

상속세
가이드라인

상속세 타임라인

1. 사망신고

1개월 이내 ●

2. 상속재산 원스톱서비스
3. 금융기관 방문

2개월 이내 ●

3개월 이내 ●

4. 세무 상담

4개월 이내 ●

5. 상속재산 분할협의
6. 상속재산 명의이전

5개월 이내 ●

7. 상속세 신고 / 납부

6개월 이내 ●

9.

사망 후 해야 할 일?

가족과의 이별은 받아들이기 어렵지만 언젠가 마주할 수밖에 없습니다. 가족을 떠나보낸 유족들은 상심이 가시지 않은 채, 사망신고 등 여러 가지 행정처리를 해야 합니다.

처음 겪는 일이다 보니 어떤 일부터 어떻게 처리해야 할지 막막한 경우가 많을 것입니다. 이러한 상황 속에서 고인의 사망 후 해야 할 일을 순차적으로 정리해보겠습니다.

사망신고

가장 먼저 해야 할 일은 '사망신고'입니다. 고인께서 사망하였음을 신고하는 절차로 사망자의 동거친족 또는 친족·동거자가 할 수 있습니다. 사망신고는 사망일로부터 1개월 이내에 해야 하며, 기한 내에 하지 않으면 과태료가 부과될 수 있습니다. 전국의 시(구)청 또는 고인의 주민등록지 관할 주민센터에서 신고 가능합니다.

사망신고 시 필요서류

– 사망 진단서 또는 시체 검안서 등 사망의 사실을 증명하는 서류
– 신고인의 신분증명서

상속재산 파악
[상속재산 원스톱서비스]

사망신고를 마친 이후에는, 고인의 재산현황을 파악

하여야 합니다. 이때, '상속재산 원스톱서비스'를 통해 고인의 재산을 대략적으로 파악해볼 수 있습니다. '상속재산 원스톱서비스'는 사망자의 금융거래, 토지, 자동차, 세금 현황을 개별기관에 일일이 방문하지 않고 한 번에 확인할 수 있는 서비스입니다.

'상속재산 원스톱서비스' 신청은 사망신고와 동일하게 전국의 시(구)청 또는 고인의 주민등록지 관할 주민센터에서 신청할 수 있습니다. 따라서 사망신고를 하시면서 '상속재산 원스톱서비스'도 함께 신청하시면 편리합니다. 또한 시(구)청이나 주민센터에 직접 방문하지 않고도 정부24(www.gov.kr) 사이트를 통해 온라인 신청도 가능합니다.

'상속재산 원스톱서비스'는 신청 후 20일 이내에 우편, 문자, 방문 수령 중 선택한 방법으로 확인 가능합니다. 다만, '상속재산 원스톱서비스'에서 확인되는 결과는 참고자료이므로, 조회되는 재산을 참고하여 실제 상속재산 현황을 정확히 파악하는 것이 필요합니다.

> ### 상속재산 원스톱서비스 신청 시 필요서류
>
> – 신고인의 신분증명서
> – 사망자의 가족관계증명서

금융기관 방문

상속재산 현황이 모두 파악되면, 이를 바탕으로 금융 기관에 방문하여 상속세 신고에 필요한 서류를 받아야 합니다. 기본적으로 필요한 서류는 ① (고인의) 과거 10년 치 계좌거래내역, ② 잔액증명서입니다.

금융기관 방문 시 필요한 서류는 아래와 같습니다. 다만, 금융기관별로 필요한 서류가 조금씩 다를 수 있으므로, 방문하시려는 금융기관에 미리 전화로 확인하시는 것이 좋습니다.

금융기관 방문 시 필요서류

– 고인의 가족관계증명서
– 고인의 사망진단서
– 방문하는 상속인의 신분증

만약, 상속재산을 어떻게 나눌지 협의가 되지 않은 상황이라면, 상속재산을 상속인 계좌로 이전하는 것을 잠시 미뤄두시는 것이 좋습니다. 상속과정에서 발생하는 각종 세금 및 부대비용의 정산이 복잡해질 수 있고, 추후 분할협의가 잘 안되는 경우에 문제가 될 수 있기 때문입니다.

세무 상담

금융기관 방문을 마친 이후에는, 세무 상담을 진행해 보는 것이 좋습니다. 상속세는 다른 세금에 비하여 금액이 크고, 여러 가지 검토해야 할 사항이 많습니다. 공제항목 반영 여부와 재산분할방식에 따라 많게는 수억 원의 세금이 차이가 날 수 있습니다.

반드시 세무사를 통하여 상속세를 신고할 필요는 없으나, 세무 상담만큼은 되도록 진행하시는 것을 권장드립니다. 세무상담을 통하여 "내가 받을 수 있는 공제가 어떤 항목들이 있는지?", "재산분할을 어떤 식으로 하면 유리한지?" 등을 파악해보시는 것이 필요합니다.

세무상담 TIP

상속재산이 정확히 파악되지 않은 상태에서 세무상담을 받게 되면, 상황에 맞는 컨설팅을 받기가 어렵습니다. 또한 세무상담을 진행하기 전에 나의 재산현황과 궁금한 점을 미리 전달한다면, 보다 양질의 상담을 받아볼 수 있습니다.

상속재산 분할협의

세무 상담을 마친 이후에는, 상속재산을 어떻게 나눌

지 협의를 해야 합니다. 공동상속인들 간에 협의가 진행된 이후에는, '상속재산 분할협의서'를 작성하여 법적 분쟁을 방지해야 합니다.

'상속재산 분할협의서'란 공동상속인들 간에 상속재산을 어떻게 나눌지 협의한 내용이 담긴 문서입니다. 상속재산 분할협의서가 작성되고 나면, 추후에 이의를 제기하거나 내용을 수정하기가 어려우니 신중하게 작성할 필요가 있습니다.

상속재산분할협의서 작성 시 유의사항

"반드시 공동상속인 전원이 참여해야 합니다."
"공동상속인 전원의 인감도장날인이 필요합니다."
"상속재산내역과 분할내역이 상세하게 기재되어야 합니다."
"상속개시일이 속한 달의 말일로부터 6개월 이내에 해야 합니다."

(부동산 취등록세 및 상속세 납부기한 내에)

상속재산 명의이전

　　상속재산 분할협의를 마친 이후에는, 상속재산을 상속인 명의로 이전해야 합니다. 상속재산에 따라 기한 이내에 명의이전을 하지않으면 가산세나 과태료가 부과될 수 있으므로 유의해야 합니다.

상속재산 명의이전 시 유의사항

1. 부동산
   상속개시일이 속한 달의 말일로부터 6개월 이내에 진행해야 합니다.

2. 차량
   우리나라는 자동차보험가입이 의무화되어있습니다. 따라서 차량을 이전받으시려는 상속인은 먼저 자동차보험에 가입해야 합니다.
   (차량 이전은 가까운 차량등록 사업소에서 가능)

상속세 신고/납부

마지막 절차는 상속세 신고 및 납부입니다. 신고 전에 누락된 재산은 없는지, 분할협의한 내용은 잘 반영되었는지, 놓친 공제는 없는지 등을 한 번 더 확인할 필요가 있습니다.

또한 상속인의 여건에 따라 납부방법(일시납, 분납, 물납, 연부연납)을 선택하고, 각각의 납부방법에 따른 요건을 검토할 필요가 있습니다. 검토를 마친 후 세무서에 상속세 신고 · 납부를 하게 되면, 사망 후 해야 할 일은 모두 마무리됩니다.

10.

상속세는 언제까지
신고해야 할까?

상속세의 신고기한

상속세는 상속개시일(사망일)이 속하는 달의 말일로부터 6개월 이내에 신고해야 합니다. 예를 들어, 상속개시일이 1월 7일이라면 7월 31일까지 신고해야 합니다.

그런데 상속세를 기한 내에 신고하지 못하면 어떻게 될까요?

상속세를 신고기한 내에 신고하지 못하면 원래 내야

할 상속세를 내야 하는 것은 물론이고, 추가로 2가지의 '불이익'이 발생합니다. 신고 · 납부가 지연될수록 가산세가 증가하므로, 신고기한을 준수하는 것이 상속세 절세의 기본이라고 할 수 있습니다.

가산세	내용
무신고 가산세	상속세금 x 20%
납부지연 가산세	상속세금 x 22/100,000 x 미납 일수

[예외1] 외국에 거주하는 경우

고인 혹은 상속인 '전원'이 외국에 거주하고 있는 경우 국세청은 3개월의 추가 신고기한을 부여합니다. 상속개시일이 속하는 달의 말일로부터 9개월 이내에만 신고를 마치면 되는 것입니다.

유의할 점은 상속인 중 '일부'만 외국에 거주하는 경우에는 원칙대로 상속개시일이 속한 달의 말일로부터 6개월 이내에 신고해야 한다는 것입니다.

[예외2] 상속재산이(유류분 소송 등) 판결을 통해 변동된 경우

재판을 통해 상속재산에 변동이 생긴 경우, '변동된 재산'에 대하여는 판결일로부터 6개월 이내로 신고기한을 연장해줍니다.

단, 판결로 '변동된 재산'에 대하여만 판결일로부터 6개월 이내로 신고기한이 연장되는 것입니다. 따라서 다른 상속재산의 경우 정상적으로 상속개시일이 속하는 달의 말일로부터 6개월 이내에 신고해야 합니다.

예규/판례	내용
서면 4팀 2007년 예규	유류분 반환 청구소송을 진행 중이며, 상속재산이 얼마인지 모르는 경우에도 신고기한 연장은 불가함 (변동된 상속재산 외 다른 상속재산은 정상적으로 신고해야 함)

11.

상속세율은
어떻게 될까?

한국의 상속세율

상속세 과세표준	누진세율
1억원 이하	10%
1억원 초과 5억원 이하	20%
5억원 초과 10억원 이하	30%
10억원 초과 30억원 이하	40%
30억원 초과	50%

상속세 과세표준은 상속재산에서 각종 상속공제를

차감한 금액을 의미합니다. 흔히들 과세표준구간이 바뀌면 세금이 '급격하게' 증가한다고 오해하시는 경우가 많습니다.

그러나 상속세는 과세표준 단계별로 초과누진세율이 적용되기 때문에, 과세표준구간이 바뀌더라도 세금이 급격하게 증가하지 않습니다.

[예시] 과세표준이 12억원인 경우

과세표준이 12억원이라고 가정하면 단순히 세율(40%)을 곱하여 상속세를 계산하기 쉽습니다. 그러나 상속세는 아래 표와 같이 단계별 누진세율을 적용해야 합니다.

즉, 과세표준이 12억원이라면 단순히 40%의 세율을 적용하여 4.8억이 되는 것이 아니라, 10%~40%의 세율을 누진적으로 적용하여 3.2억원(실제 평균세율 26%)으로 계산되는 것입니다.

상속세 과세표준	적용 산식	상속세
1억원 이하	10% x 1억원	1천만원
1억원 초과 5억원 이하	20% x 4억원	8천만원
5억원 초과 10억원 이하	30% x 5억원	1억 5천만원
10억원 초과 30억원 이하	40% x 2억원	8천만원
합계	**누진세율 x 12억원**	**3억 2천만원**

OECD 주요 국가의
상속세율 비교

국가	최고 상속세율
한국	50% [할증 시 60%]
일본	55%
프랑스	45%
미국	40%
영국	40%
덴마크	36.25%
캐나다 / 호주	없음

[출처] 한국조세재정연구원, OECD 주요국 상속세율

한국의 상속세율은 OECD 국가 중 일본(55%) 다음으로 높습니다. 그러나 한국에선 일본에 없는 제도가 있습니다. 가업을 상속받는 경우 최대주주할증이 20%가

붙습니다. 결국, 한국의 최고 상속세율은 60%로 OECD 최고수준인 것입니다.

다만, 국가별로 상속세 계산방식이나 면세점의 차이가 있어, 최고세율만으로 상속세 부담을 비교하는 것은 무리가 있습니다. 한국의 경우, 상속세 공제액(일괄공제 5억원, 배우자공제 5억원~30억원 등)이 다른 OECD 국가 대비 많아 실효세율이 높지 않을 수 있습니다.

12.

상속은 누가 받을까?

상속의 우선순위

2018년 LG그룹 故 구본무 선대회장의 사망 이후 양자인 구광모 회장이 주식을 상속받았습니다. 이후 구 회장의 어머니, 여동생이 구 회장을 상대로 상속회복청구 소송을 제기하여 화제가 되었습니다. LG그룹 같은 재계 인사가 아닌 일반인들에게도 수천만원에서 수억원의 재산이 오가는 만큼, 상속권은 매우 중요한 권리입니다.

그러면 상속권은 누가 갖게 되는 것일까요?

상속을 받을 수 있는 권리는 민법에 규정되어 있습니다. 민법에 따르면, 상속인이 될 수 있는 '순위'가 정해져 있습니다. 가장 우선순위에 해당하는 사람이 상속권을 가지고, 우선순위에 해당하는 상속인이 여러 명이라면 공동으로 상속권을 가지게 됩니다.

상속의 우선순위는 다음과 같습니다.

순위	고인과의 관계	비고
1순위	배우자*와 직계비속	고인의 배우자, 자녀, 손자녀
2순위	배우자*와 직계존속	고인의 배우자, 부모, 조부모
3순위	형제자매	고인의 형, 누나, 동생
4순위	4촌 이내 방계혈족	고인의 백부, 숙부, 고모, 외숙, 이모 등

* 배우자의 경우, 직계비속 · 직계존속이 없는 경우에만 단독상속이 가능함

만약 〈1순위〉가 없다면, 〈2순위〉가 상속받을 수 있으며, 〈1 · 2순위〉가 모두 없다면 〈3순위〉가 상속받는 식입니다. 앞순위에서 상속이 이루어지면, 남은 가족들은 모두 뒷순위가 되어 상속받을 수 없습니다.

공동상속인의 상속지분은 모두 동일할까

원칙적으로 공동상속인은 모두 동일한 법정상속지분을 가지게 됩니다. 예를 들어 공동상속인이 2명이라면 1:1의 비율로, 3명이라면 1:1:1의 비율로 상속재산을 받게 되는 것입니다.

다만, 배우자는 재산형성 기여도가 높기 때문에 다른 공동상속인 대비 50%를 가산한 법정상속지분을 받게 됩니다. 예를 들어, 배우자와 공동상속인 1명이 상속받는 경우 법정상속지분은 1.5:1이 되는 것입니다. (배우자와 공동상속인 3명이 상속받는 경우, 법정상속지분은 1.5:1:1:1)

그러나, 반드시 법정상속지분대로 상속재산을 나누어 가져야 하는 것은 아닙니다. 공동상속인 간의 협의만 된다면, 협의된 대로 상속재산을 나누어 가질 수 있습니다.

유증, 유언을 통한 상속

법으로 정해진 상속 순위와 무관하게, 고인이 유언을 통해 본인의 재산을 상속할 것을 정할 수 있습니다. 이렇게 유언으로 상속 받을 자를 정해서 재산을 상속하는 것을 '유증'이라고 합니다. 고인의 뜻이 있으면 유증은 '누구나' 받을 수 있습니다. 따라서 법에 정해진 상속 순위나 법정 지분과 무관하게 유증을 받은 자는 상속에 대한 권리를 갖게 됩니다.

유언의 5가지 방법

유언상속은 법적인 요건을 갖추어야 효력이 있습니다. 법적으로 유효한 유언방식은 ① 자필증서, ② 녹음, ③ 공정증서, ④ 비밀증서, ⑤ 구수증서가 있습니다.

부모보다 자식이
먼저 세상을 떠났다면

일반적으로 부모가 사망하게 되면 자식이 상속을 받게 됩니다. 그런데 만약 불의의 사고로 부모보다 자식이 먼저 세상을 떠났다면, 자식의 상속권은 없어지는 걸까요?

그렇지 않습니다. 먼저 사망한 자식의 상속권은, 자식의 남은 가족들(자식의 배우자·자녀)에게 승계됩니다. 이렇게 고인의 상속 권리를 남은 가족들이 대신하여 갖게 되는 것을 '대습상속'이라고 합니다.

피상속인

상속재산

상속분
1/3

상속분
1/3

상속분
1/3

자녀 1(사망)

자녀 2

자녀 3

대습
상속

손녀

CHAPTER 2

상속세 납부방법은 뭐가 있을까

13.

부담스러운 상속세,
나눠서 낼 수 없을까?

상속세를 한 번에
내기 부담스럽다면

상속세는 고인이 평생 모은 재산에 부과하는 세금이기에, 한 번에 큰 금액의 세금을 내야 합니다. 갑작스러운 상속을 받게 되거나 상속재산의 대부분이 부동산이라면, 일시에 거액의 상속세를 내는 것은 큰 부담이 될 수 있을 것입니다.

이러한 점을 보완하고자 상속세를 최대 10년간 나눠

서 낼 수 있는 제도가 있는데, 이를 '연부연납'이라고 합니다. 연부연납은 아래 3가지 요건을 모두 충족할 때 신청이 가능합니다.

[요건1] 내야 할 상속세가
총 2천만원을 넘어야 합니다

연부연납은 일시에 거액의 상속세를 내는 상속인들의 부담을 줄여주기 위해 만들어진 제도입니다. 따라서 내야 할 상속세가 최소한 2천만원을 넘는 경우에 한하여 연부연납이 가능합니다.

또한, 1회당 연부연납 금액은 최소한 1천만원 이상이어야 합니다. 여기서 '연부연납 금액'이란 상속세를 나누어서 내더라도 1년마다 최소한 내야 할 세금을 의미합니다.

총 상속세가 3,300만원인 경우, 1회당 납부금액이 1천만원 이상이어야 하므로 최대 3번에 나누어서 상속세 납부가 가능합니다. (4회로 나누는 경우, 1회당 납부금액이 825만원이므로 불가)

[예시2] 상속세가 1억인 경우 - 최대 10번

총 상속세가 1억원인 경우, 최대 10번에 나누어 상속세 납부가 가능합니다. 1회당 납부금액이 1천만원 이상이기만 하면 되므로, 상황에 따라 2천만원씩 5번에 나누어 내는 것도 가능합니다.

[요건2] 납세담보를 제공해야 합니다

상속세를 최대 10년에 걸쳐 나누어서 낼 수 있다 보니, 체납을 우려한 국세청은 그에 대한 안전장치로 담보를 요구하고 있습니다. 담보로 제공되어야 할 금액은 내야 할 상속세보다 110%~120% 이상의 가치 있는 재산이어야 합니다. 이때, 담보는 꼭 상속받은 재산일 필요는 없으며, '상속인 명의'의 아래 재산이면 가능합니다.

납세담보가 가능한 재산

① 금전 (예금 담보 등)
② 납세보증보험증권
③ 부동산
④ 유가증권, 국채 또는 지방채

[요건3] 상속세 신고기한까지
신청해야 합니다

상속인은 상속세 신고기한(사망일이 속하는 달의 말일로부터 6개월 이내)까지 연부연납신청서를 제출하여야 합니다. 신고기한 내에 연부연납신청서를 제출하지 못한 경우, 법적 요건을 갖추지 못해 연부연납신청이 거부될 수 있으니 유의해야 합니다.

자주 묻는 질문

Q. 연부연납 시 이자를 내야 하나요?

네, 이자를 내야 합니다. 2024년을 기준으로 연 3.5%의 이자가 발생합니다. (이자율은 매년 변동될 수 있으나, 통상적인 시중금리보다는 낮게 설정됩니다.)

Q. 연부연납을 신청한 후에, 조기에 상환하는 것이 가능한가요?

네, 가능합니다. 연부연납기간 동안 남은 세금을 한번에 상환하거나, 일부만 조기상환 할 수 있습니다.

Q. 연부연납 때 제공한 담보를 변경할 수 있나요?

네, 가능합니다. 단, 국세청에 납세담보 변경 후 승인을 받아야 하는 절차가 있습니다.

Q. 연부연납 허가 여부는 어떻게 알 수 있나요?

상속세 신고기한으로부터 9개월 이내에 국세청에서 우편으로 연부연납 허가 여부를 통지합니다.

14.

물건으로 상속세를
낼 수 있을까?

상속세를 낼
현금이 부족하다면

상속세는 금전(현금)으로 내는 것이 원칙입니다. 다만, 상속재산 중 부동산이나 비상장주식 등 현금화가 어려운 재산이 많다면, 금전(현금)만으로 상속세를 내기 어려울 것입니다.

이러한 점을 보완하고자 상속세를 물건으로 낼 수 있는 제도가 있는데, 이를 '물납'이라고 합니다. 물납은 아래 5가지 요건을 모두 충족할 때 신청이 가능합니다.

[요건1] 내야 할 상속세가
총 2천만원을 넘어야 합니다

물납은 일시에 거액의 상속세를 내야 하는 상속인들의 부담을 줄여주기 위해 만들어진 제도입니다. 따라서 내야 할 상속세가 최소한 2천만원을 넘는 경우에 한하여 물납할 수 있습니다.

[요건2] 상속재산의 50% 이상이
물건이어야 합니다

앞서 말씀드렸듯이 상속세는 금전(현금)으로 내는 것이 원칙입니다. 예외적으로 상속받은 재산 중 50% 이상이 현금으로 즉시 환가가 어려운 부동산이나 비상장주식인 때에만 물납을 승인하겠다는 취지가 담겨 있습니다.

[요건3] 현금성 자산보다
상속세가 더 커야 합니다

상속받은 현금성 자산으로 상속세를 충분히 낼 수 있다면, 굳이 세무서에서 물건으로 상속세를 받아줄 이유가 없을 것입니다. 그래서 내야 할 상속세가 상속받은 현금성 자산보다 큰 경우에만 물납할 수 있습니다.

예를 들어, 상속받은 재산 중 예금이 1억원인데 내야 할 총 상속세가 5천만원이라면, 충분히 금융재산으로 상속세를 낼 여력이 있으므로 물납이 되지 않습니다.

[요건4] 관리나 처분이 어려운 물건이
아니어야 합니다

세무서에서는 물납으로 받은 부동산 등을 '공매(국가에서 시행하는 경매)'를 통하여 현금화합니다. 때문에, 관리가 어렵거나 처분(공매)이 곤란하다고 판단되는 물건은 세무서에서 물납을 거부할 수 있습니다.

세무서에서 보는 관리 · 처분이 어려운 물건

1. 부동산
   ① 지상권·지역권·전세권·저당권 등 재산권이 설정된 경우
   ② 물납신청한 토지와 그 지상건물의 소유자가 다른 경우
   ③ 토지 일부에 묘지가 있는 경우
   ④ 무허가 건물
   ⑤ 소유권이 공유로 되어 있는 재산
   ⑥ 그 밖의 위와 유사한 경우

2. 유가증권 (주식)
   ① 폐업 등으로 사업자등록이 말소된 경우
   ② 상법상 해산사유가 발생하거나 회생절차에 있는 경우
   ③ 법인세법상 결손금이 발생한 경우
   ④ 회계감사 대상임에도 감사보고서가 작성되지 않은 경우
   ⑤ 그 밖의 위와 유사한 경우

[요건5] 상속세 신고기한까지
신청해야 합니다

상속인은 상속세 신고기한(사망일이 속하는 달의 말일로부터 6개월 이내)까지 물납신청서를 제출하여야 합니다. 신고 기한 내에 물납신청서를 제출하지 못한 경우, 법적 요건을 갖추지 못해 물납신청이 거부될 수 있으니 주의가 필요합니다.

자주 묻는 질문

Q. 상속세액보다 비싼 물건으로 물납이 되나요?

안됩니다. 상속세액의 범위 내의 물건으로만 물납할 수 있습니다.

Q. 비상장주식도 물납이 되나요?

가능합니다. 단, 비상장주식 외의 다른 상속재산이 없거나 다른 물건들을 모두 물납하더라도 부족한 경우에 한정하여 가능합니다.

Q. 물납할 수 있는 한도가 있나요?

네, 있습니다. 아래 금액 중 적은 금액을 한도로 물납이 가능합니다.

① 물납에 충당할 수 있는 부동산과 유가증권 가액에 대한 상속세

② 상속세액 중 순금융재산과 상장 유가증권 가액을 초과하는 금액

Q. 사전증여재산으로 받은 물건으로 상속세를 물납할 수 있나요?

네, 가능합니다. 사전증여재산으로 받은 물건도 물납할 수 있습니다.

Q. 물납 허가 여부는 어떻게 알 수 있나요?

상속세 신고기한으로부터 9개월 이내에 국세청에서 우편으로 물납 허가 여부를 통지합니다.

15.

상속세를 대신
내줘도 될까?

상속세의 연대납세의무

여러 명의 상속인이 있는 경우, 각자 받은 상속비율대로 상속세를 내야 합니다. 예를 들어 상속재산을 7:3으로 받았다면, 상속세도 7:3으로 내야 하는 것입니다.

그러나 상속세는 '연대납세의무'라는 특이한 제도가 있습니다. 연대납세의무란 연대책임과 유사한 개념입니다. 공동상속인 중 누군가 상속세를 내지 않으면, 다른 상속인들이 연대해서 세금을 대신 내야 하는 의무가 있습니다.

공동상속인이
상속세를 내지 않는다면

다행히도 상속세 연대납세의무는 무한책임은 아닙니다. 공동상속인 중 누군가 상속세를 내지 않아 연대납세의무를 지더라도, '내가 받은 상속재산'의 범위 내에서 책임이 있습니다.

[예시] 상속세 연대납세의무의 한도

구분	상속인 A	상속인 B	합 계
상속재산	90억원	10억원	100억원
상속세	27억원	3억원	30억원
연대책임 범위	**90억원**	**10억원**	**100억원**

총 재산이 100억인 고인이 사망함에 따라 〈상속인 A〉가 90억, 〈상속인 B〉가 나머지 10억원을 받기로 협의한 경우, 원칙적으로 상속세는 9:1의 비율로 내야 합니다.

만약 〈상속인 A〉가 상속세를 내지 않는다면, 〈상속인 B〉에게 연대납세의무가 생깁니다. 그러나 〈상속인 B〉가 실제로 받은 상속재산은 10억원이기에, 최대 10억원까지만 연대책임이 있는 것입니다.

상속세, 부모님이 대신 내줘도 문제없을까

상속세는 연대납세의무가 있기에 배우자가 자녀의 상속세를 대신 내주는 것이 가능합니다. 이를 활용하여 배우자가 자녀의 상속세를 대신 내주게 되면, 별도의 증여세를 내지 않고도 실질적인 증여의 효과를 볼 수 있는 것입니다.

다만, 상속세 대납은 '받은 상속재산'의 범위 내에서 가능합니다. 때문에 배우자가 '받은 상속재산'을 넘는 금액의 상속세를 대납하는 것은 주의가 필요합니다.

CHAPTER 3

상속세를 줄일 수 없을까

16.

병원비도
상속세에서 공제될까?

고인의 병원비를
대신 냈다면

사고로 인한 갑작스러운 상속을 제외하면, 고인이 살아계실 때 병원비(간병비)가 발생하는 경우가 많습니다. 그런데 이러한 병원비를 고인이 직접 결제하지 않고, 상속인이 대납한 경우 상속세에서 공제가 가능할까요?

그렇지 않습니다. 국세청은 기본적으로 상속인이 대납한 병원비는 상속세에서 공제할 수 없다는 태도입니다. 병원비를 상속세에서 공제하려면, 상속인이 대납한 병원비가 고인의 '채무(고인이 상속인에게 갚아야 할 돈)'로 인정받아야 하기 때문입니다.

그러나 국세청은 상속인이 고인을 위해 지출한 병원비는 '채무'가 아닌, '가족으로서 부양의무'를 다한 것으로 판단하고 있습니다.

예규/판례	내용
조세심판원 2020년 판례	배우자에 대한 부양(보호)의무를 부부공동재산으로 이행한 것으로 보여, 청구인의 병원비 대납액을 피상속인이 부담해야 할 채무로 보아 상속재산가액에서 차감해야 한다는 청구주장을 받아들이기 어려움

상속인이 고인의 병원비를 대납하더라도 상속세에서 공제가 되지 않기 때문에, 상속세를 절감하기 위해서는 고인이 직접 병원비를 결제하는 것이 유리합니다.

예외적으로 공제가
가능한 케이스

다만, 상속인(유족)이 병원비를 대신 내더라도 예외적으로 인정해주는 사례도 있습니다. 사망일 이후에 밀린 병원비를 상속인이 부담한 경우 혹은, 고인과 상속인 간의 구체적인 계약을 통하여 상속인이 병원비를 부담한 경우에는 병원비를 '채무'로 인정해주기도 합니다.

예규/판례	내용
국세심사청구 98년 사례	상속개시일 현재 지급하지 아니한 병원치료비는 상속개시당시 상속인이 부담하여야 할 확정된 채무 (사망 이후에는 고인이 병원비를 직접 부담할 수 없으므로, 상속세에서 공제가 가능함)
대전지방법원 20년 판례	병원비 등이 채무인지 여부는 지급행위를 둘러싼 구체적인 사정에 따라 판단 (고인과 상속인간의 구체적인 계약에 따라 병원비를 부담한 경우, 병원비 대납액을 채무로 인정)

17.

배우자상속공제,
최대로 적용받으려면?

배우자의 기여를 고려한
배우자상속공제

배우자는 고인과 평생 함께하면서 고인의 재산형성에 크게 이바지하였을 가능성이 높습니다. 세법에서는 이러한 배우자의 기여를 고려하여, 고인이 배우자에게 상속하는 재산에 대하여 배우자상속공제를 해주고 있습니다.

여기서 '배우자'란 법률상 배우자를 의미하므로 (혼인

신고를 하지 않은) 사실혼 관계의 배우자는 배우자상속공제를 받을 수 없습니다.

배우자상속공제, 얼마까지 가능할까

고인이 배우자에게 상속하는 재산에 대해서는 배우자상속공제가 가능합니다. 따라서 배우자에게 많은 재산을 상속할수록 배우자상속공제액이 더 커지는 것입니다.

다만, 배우자에게 상속받은 재산을 모두 공제하면 고액 자산가의 세부담이 지나치게 줄어들 우려가 있습니다. 때문에 세법에서는 배우자상속공제에 대하여 아래와 같은 한도를 두고 있습니다.

배우자 상속공제 한도

아래 2가지 중 적은 금액*을 공제

    ⓐ 배우자가 '실제' 상속받은 재산
    ⓑ 배우자의 '법정상속지분'에 해당하는 상속재산 (배우자 사
      전증여 차감)

  * 단, 이 금액이 5억원 이하인 경우에는 최소적용 금액인 5억원
    을, 30억원 이상인 경우에는 최대적용 금액인 30억원을 적용

배우자의 법정상속지분

원칙적으로 '공동상속인'은 모두 동일한 법정상속지분을 가지게 됩니다. 예를 들어 공동상속인이 2명이라면 1:1의 비율로, 3명이라면 1:1:1의 비율로 상속재산을 받게 되는 것입니다.

다만, 배우자는 재산형성 기여도가 높기 때문에 다른 공동상속인 대비 50%를 가산한 법정상속지분을 받게

됩니다. 예를 들어, 배우자와 공동상속인 1명이 상속받는 경우 법정상속지분은 1.5:1이 되는 것입니다. (배우자와 공동상속인 3명이 상속받는 경우, 법정상속지분은 1.5:1:1:1)

[예시] 총 상속재산이 25억원인 경우

① 배우자가 25억원을 전부 상속받을 경우

구분	배우자	자녀
법정상속지분 / 전체	1.5 / 2.5	1 / 2.5
법정상속재산	15억원	10억원
실제 상속받은 재산	25억원	–
배우자상속공제액	15억원	–

배우자상속공제는 한도가 정해져 있기 때문에, 배우자가 모든 재산인 25억원을 상속받더라도 '한도'만큼인 15억원만 상속세에서 공제받을 수 있습니다.

② 배우자가 10억원만 상속받을 경우

구분	배우자	자녀
법정상속지분 / 전체	1.5 / 2.5	1 / 2.5
법정상속재산	15억원	10억원
실제 상속받은 재산	10억원	15억원
배우자상속공제액	**10억원**	–

　반대로 배우자가 실제 상속받은 재산이 10억원이라면, 배우자상속공제는 실제 상속받은 재산만큼인 10억원만 공제가 가능합니다.

　결론적으로 배우자가 '실제' 상속받은 재산을 법정상속재산과 동일하게 설정하면, 배우자상속공제의 효과를 최대로 받으면서 상속재산을 자녀에게 최대한 분배할 수 있는 것입니다.

(위 케이스에서는 배우자가 15억원, 자녀가 10억원)

18.

장례비도
상속세에서 공제될까?

장례비와 상속세

우리나라는 전통적으로 가족이 사망하게 되면, 장례를 통하여 고인을 보내드리는 것이 일반적입니다. 이때, 고인의 마지막 떠나시는 길을 후회 없이 보내드리려고 몇천만원 단위의 큰 금액을 장례비로 지출하는 경우도 더러 있습니다.

그런데 고인을 위해 지출한 장례비가 상속세에서 공제가 될까요?

네 가능합니다. 사망일부터 장례일까지 장례에 직접 소요된 금액은 상속세에서 공제됩니다. 다만, 아래와 같이 최소공제금액과 최대공제금액이 정해져 있습니다.

ⓐ [최소] 장례비가 500만원 미만인 경우, 500만원을 공제(장례비용이 없는 경우에도, 최소한 500만원은 공제)

ⓑ [최대] 장례비가 1천만원이 넘는 경우, 1천만원까지만 공제

봉안시설(혹은 자연장지)에 지출한 금액이 있다면

일반적인 장례비 외에 봉안시설 혹은 자연장지에 사용한 금액이 있으면, 그 금액은 '추가로' 상속세에서 공제됩니다. 다만, 봉안시설(혹은 자연장지) 비용이 500만원을 넘는 경우, 500만원까지만 공제가 가능합니다.

[Case1] 봉안시설(혹은 자연장지)에 지출한 금액이 있는 경우

구분	내용
일반장례비	장례식장 비용으로 200만원 사용
봉안시설(혹은 자연장지)	추모공원 봉안묘에 300만원 사용

[Case1]의 장례비 사용액 중 상속세에서 공제되는 금액은 총 800만원입니다. 일반장례비가 500만원 미만이므로 최소공제금액인 500만원이 공제되며, 봉안시설(혹은 자연장지) 비용이 있으므로 300만원이 추가 공제됩니다.

[Case2] 일반 장례비가
1,000만원 이상인 경우

구분	내용
일반장례비	장례식장 비용으로 1,200만원
봉안시설(혹은 자연장지)	–

[Case2]의 장례비 사용액 중 상속세에서 공제되는 금액은 총 1,000만원입니다. 일반장례비가 1,000만원 이상이므로 최대한도인 1,000만원이 공제되며, 봉안시설(혹은 자연장지)비용이 없으므로 추가공제는 적용되지 않습니다.

자주 묻는 질문

Q. 49재 관련 비용도 상속세 장례비용으로 공제가 가능할까요?

안됩니다. 장례일 이후에 발생되는 49재비용은 '직접적인' 장례비용으로 보지 않습니다.

Q. 장례를 돕는 자 또는 조문객에 대하여 간소한 음식을 접대하는 비용도 장례비용으로 공제가 가능할까요?

가능합니다. 통상적으로 장례를 돕는 자 혹은 조문객에 대하여 음식을 접대하는 비용도 장례에 직접 소요되는 비용으로 보아, 장례비용공제가 가능합니다.

Q. 상조회사에 불입한 장례비도 상속세 장례비용으로 공제가 가능할까요?

가능합니다. 사망일 이전에 상조회사에 불입된 불입금액이 상속인의 사망일부터 장례일까지 장례에 직접 소요된 경우에는 장례비용으로 공제할 수 있습니다.

Q. 시신의 발굴 및 안치에 직접 소요되는 비용과 묘지구입비, 비석, 상석 등도 장례비용으로 공제가 가능할까요?

가능합니다. 시신을 발굴하거나 안치하는데 드는 비용을 비롯하여 묘지구입비, 비석, 상석에 소요된 금액도 장례비용으로 보고 있습니다.

19.

한 집에서 부모님을
모시고 살았다면?

동거주택상속공제란

고인과 함께 오랜 기간 거주하던 주택에 대해 고율의 상속세를 부과한다면, 국민의 기본권 중 하나인 주거권을 침해받을 수 있습니다. 이를 방지하기 위하여 세법에서는, 오랜 기간 고인과 함께 동거한 주택을 상속받는 경우 최대 6억원의 '동거주택상속공제'를 해주고 있습니다.

동거주택상속공제는 상속받은 주택가격에서 상속개

시일 당시 남아있는 주택채무를 차감한 가액만큼 가능합니다. 이때, 동거주택상속공제의 최대한도는 6억원입니다.

동거주택상속공제액 (한도 6억원)
= 주택가격 − 주택채무

동거주택상속공제는 최대 6억원을 공제해줄 정도로 혜택이 큰 만큼, 아래 3가지 요건을 모두 갖춘 경우에 적용할 수 있습니다.

[요건1] 상속인은 '무주택자'이어야 합니다

상속인은 고인이 사망한 시점에 무주택자여야 합니다. 동거주택상속공제의 취지가 주거권 보장을 위한 것인 만큼, 상속주택 외의 다른 주택을 소유하고 있는 경우 동거주택상속공제가 적용되지 않습니다.

단, 2020년부터 법령개정을 통하여 '고인과 공동으로 주택을 소유한 경우'에도 동거주택상속공제가 가능하게 되었습니다. 이는 상속주택 외의 다른 주택을 소유하는 경우와 달리, 고인과 함께 거주하는 주택의 지분을 보유한 것이기에 무주택자와 마찬가지로 주거권을 보호해야 한다는 취지가 담겨있습니다.

[요건2] 10년 동안 1주택이어야 합니다

돌아가신 날을 기점으로 과거 10년 동안, 고인과 상속인 모두 1세대 1주택을 유지하여야 합니다. 여기서 1세대란 고인과 배우자 및 그들과 생계를 같이 하는 가족 단위를 의미합니다.

만약 주택이 없는 기간이 있다면 이 기간은 1주택을 유지한 것으로 봅니다. 따라서 고인과 상속인이 전 · 월세로 거주한 기간도 1주택을 유지한 것이 됩니다.

1주택 판단 시 유의할 사항

1. 오피스텔
   상업용 오피스텔이 아닌, 주거용 오피스텔로 사실상 사용
   되는 경우 오피스텔도 1주택을 보유한 것으로 봅니다.

2. 조합원입주권과 분양권
   조합원입주권은 주택 수에 포함되나, 분양권은 주택 수에
   포함되지 않습니다.

[요건3] 10년 이상 계속하여
하나의 주택에서 살았어야 합니다

상속인과 고인이 10년 이상 계속하여 하나의 주택에
서 거주하여야 합니다. '하나의 주택에서 살았는지'는
주민등록상 주소와 관계없이, 한집에서 실제로 같이 거
주한 기간을 기준으로 판단합니다.

'10년 이상 계속하여' 살았어야 한다는 것은, 중간에 끊겨서는 안 된다는 것을 의미합니다. 군 복무, 질병치료 등의 아주 예외적인 사유 없이, 따로 거주한 기간이 있다면 요건을 충족하지 못한 것으로 봅니다.

자주 묻는 질문

Q. 일시적으로 1세대 2주택이 된 경우, 동거주택상속공제가 가능한가요?

가능합니다. 이사 · 상속 · 결혼 · 동거봉양 등 세법에서 정한 일시적 1세대 2주택의 요건을 갖춘 경우 동거주택상속공제가 적용됩니다.

Q. 요건을 갖춘 상속인과 그 외 상속인이 공동으로 상속등기를 한 경우, 동거주택상속공제가 가능한가요?

요건을 충족하는 상속인의 지분만큼만 동거주택상속공제가 가능합니다.

Q. 재건축사업의 시행기간 동안 전세로 동거한 기간도 계속하여 하나의 주택에서 동거한 것으로 볼 수 있나요?

주택재건축사업의 시행기간 동안 부득이하게 전세로 동거한 기간은 계속하여 하나의 주택에서 동거한 기간으로 봅니다.

Q. 주택재개발사업으로 종전 1주택 대신 조합원입주권 2개를 취득한 경우, 조합원입주권 2개에 대하여 동거주택상속공제를 받을 수 있나요?

조합원입주권 2개는 2주택을 소유한 것으로 보므로, 동거주택상속공제가 적용되지 않습니다.

20.

금융재산을
상속받았다면?

금융재산상속공제란

97년 금융실명제 시행으로 인하여, 국세청은 고인의 금융재산내역을 모두 확인할 수 있게 되었습니다. 때문에 금융재산은 다른 상속재산에 비하여 세금탈루가 일어날 가능성이 현저하게 낮습니다.

세법에서는 세금탈루 가능성이 낮은 금융재산을 상속받는 경우, 상속세에서 최대 2억원까지 공제해주고 있습니다. 이를 '금융재산상속공제'라고 합니다.

공제 가능한 금융재산에는
어떤 게 있을까

　금융재산이란, 법에 따른 금융회사가 취급하는 예금·적금·부금·출자금·신탁재산(금전신탁)·보험금·공제금·주식·채권·수익증권·출자지분·어음 등을 의미합니다. 금융회사가 취급하는 대부분의 상품은 금융재산에 해당하는 것입니다.

　만약 금융재산과 금융채무가 동시에 있다면, 금융재산에서 금융채무를 차감한 '순금융재산'에 대하여 금융재산상속공제가 적용됩니다.

금융재산 − 금융채무 = 순금융재산

금융재산상속공제의
계산방법

금융재산상속공제는 아래 표에 따라 계산됩니다.

순금융재산	금융재산상속공제액
2,000만원 이하	순금융재산 전액
2,000만원 초과 1억원 이하	2,000만원
1억원 초과 10억원 이하	순금융재산 x 20%
10억원 초과	2억원

예를 들어서 금융재산이 5억원 · 금융채무가 1억원이 있다면, 순금융재산인 4억원을 기준으로 금융재산상속공제가 적용됩니다.

(4억원 x 20% = 8,000만원 공제)

자주 묻는 질문

Q. 현금 및 수표는 금융재산상속공제가 가능할까요?

아닙니다. 금융재산상속공제의 취지가 금융저축을 장려하고 금융재산을 양성화하기 위한 것임을 고려할 때, 현금 및 수표는 금융재산상속공제 대상이 아니라고 보고 있습니다.

Q. 교직원공제회 예치금, 군인공제회 목돈수탁저축 등은 금융재산상속공제가 적용될까요?

아닙니다. 공제회 예치금 등은 금융기관이 취급하는 금융재산이 아니기 때문에, 금융재산상속공제 적용대상이 아닙니다.

Q. 비상장주식도 금융재산상속공제가 가능할까요?

네, 가능합니다. 다만, 비상장주식의 최대주주(최대주주의 특수관계인)인 경우라면 금융재산상속공제를 적용해주지 않습니다.

Q. 퇴직금, 퇴직수당, 퇴직공로금을 받았습니다. 금융재산상속공제가 가능할까요?

아닙니다. 퇴직으로 인하여 받은 급여는 금융재산이 아니기 때문에 적용되지 않습니다.

Q. 사전증여재산, 추정상속재산도 금융재산상속공제가 가능할까요?

아닙니다. 사망일에 상속받는 금융재산만 공제가 가능합니다.

21.

부모님께 빌려드린 돈,
상속세에서 공제될까?

가족 간의 채무가 있다면

부모가 자녀에게 돈을 빌리는 경우가 종종 있습니다. 만약 부모가 빌린 돈을 미처 상환하지 못한 채 사망한다면, 부모의 채무는 상속세에서 공제가 가능할까요?

물론 공제가 가능합니다. 세법에서는 고인이 갚아야 할 채무를 상속인이 대신 갚는다면, 상속재산에서 차감해주기 때문입니다. 이는 가족 관계에서도 마찬가지입니다.

그러나 가족 간의 금전거래가 실제 '채무'라는 것은 상속인이 입증해야 합니다. 만약, 실제 채무임을 입증하지 못한다면 해당 금액은 상속세에서 공제되지 않습니다.

차용증을 작성하면
채무로 인정받을 수 있을까

부모와 자녀 간의 채무는 차용증을 작성한 사실만으로는 입증이 어렵습니다. 가족 간에는 차용증을 추후에 작성하거나, 언제든지 수정하는 것이 가능하기 때문입니다. 이러한 이유 때문에 판례에서도, 단순히 차용증만 작성된 경우에는 채무로 인정해주지 않고 있습니다.

판례	내용
조세심판원 2021년 판례	원금 상환이 일부 확인되지만, 상환내용이 차용증과 달라 차용으로 인정하지 않은 사례
조세심판원 2020년 판례	차용증을 공증받았으나 채무자가 원금을 상환할 능력이 없어 차용으로 인정하지 않은 사례
조세심판원 2020년 판례	차용증이 작성되어있으나 채권자가 원금을 돌려받기 위해 노력한 사실이 없어 차용으로 인정하지 않은 사례

채무, 형식보다 실질

채무입증을 위해서 차용증보다 중요한 것은 실제 이자와 원금을 상환하고 있는 내역입니다. 일정한 주기로 원금과 이자를 상환하고 있다면, 차용증이 없더라도 채무로 볼 수 있습니다.

따라서 채무로 인정받기 위해서는 매월 이자나 원금을 상환하는 것이 좋습니다. 채무를 상환할 때 '이자', '원금', '원리금' 등을 기록한다면 추후에 객관적인 채무입증자료가 될 수 있습니다.

결론적으로, 가족 간 채무를 인정받기 위해서는 '형식'보다 '실질'이 중요합니다. 국세청은 가족 간 금전거래에서 차용증 작성 여부보다는 '실제로 이자와 원금 상환이 이루어졌는지', '상환 의사가 있는지' 등을 중점적으로 보고 있습니다.

판례	내용
조세심판원 2011년 판례	차용증이 없더라도, 실제 금융거래를 통해 원금을 상환하여 채무를 인정한 사례
국세청 심사증여 2012년 판례	매월 원금에 합당한 이자를 송금한 사실이 확인되므로 채무를 인정한 사례
조세심판원 2019년 판례	매월 이자금액을 초과하여 원금을 상환한 사실이 확인되고 상환자금 출처도 명확하여 채무를 인정한 사례
조세심판원 2020년 판례	차용증이 돈을 빌리는 시점에 작성되었고, 수년간 실제 이자를 지급한 사실이 확인되며, 부동산으로 채무를 상환(대물변제)하려고 한 사실이 확인되어 채무를 인정한 사례

22.

고인의 채무,
상속세에서 공제될까?

고인에게 채무가 있다면

고인이 사망하는 경우, 유족들은 재산뿐만 아니라 채무도 함께 상속받게 됩니다. 세법에서는 상속재산에서 상속채무를 차감한 순재산에 대하여 상속세를 부과합니다. 이는 고인이 갚아야 할 채무를 상속인들이 대신 상환한다면, 그만큼 상속재산이 줄어드는 효과가 발생하기 때문입니다.

상속채무가 인정되면 부담해야 할 상속세가 큰 폭으

로 줄어들 수 있습니다. 그러나 고인이 채무가 있다는 사실은 상속인이 입증해야 할 사항이기에, 근거서류를 잘 준비해야 합니다.

국가, 지자체, 금융기관에 대한 채무

국가 · 지방자치단체 혹은 금융기관에 대한 채무는 상속재산에서 공제가 가능합니다. 채권자의 신원이 보증되기 때문에 '대출약정서, 부채증명원' 등 채무사실을 확인할 수 있는 서류만 제출한다면 상속재산에서 공제가 가능합니다.

개인 간의 채무

고인이 생전에 개인적인 금전거래를 함에 따라, 갚아야 할 채무가 있는 경우도 종종 있습니다. 개인 간의 채무도 상속재산에서 차감할 수 있지만, 채무사실에 대한 입증은 상속인들이 해야 합니다.

따라서 차용증, 채권자확인서, 담보설정, 이자 지급에 관한 증빙(이체내역) 등 채무사실을 확인할 수 있는 근거서류를 마련해야 합니다.

자녀에게 빌린 돈, 채무로 인정받을 수 있을까?

자녀에게 빌린 돈도 채무로 인정받을 수 있습니다. 다만, 가족 간에는 차용증, 채권자확인서 등의 '형식'보다, 실제로 원금과 이자를 매월 상환하고 있다는 '실질'이 더 중요합니다.

차용증, 채권자확인서 등이 있다 하더라도, 실질적으로 원금을 상환한 이력이 없거나 매월 이자를 지급하지 않는 경우 채무로 인정받기가 어렵습니다.

그 밖의 채무

보증채무

고인이 생전에 보증을 선 경우도 있습니다. 원칙적으로 보증사실만으로는 채무로 인정받을 수 없습니다. 그러나 원래의 채무자가 채무를 갚지 못하여, 보증인(고인)이 빚을 대신 갚아야 할 때는 상속재산에서 공제할 수 있습니다.

(원래의 채무자가 빚을 갚을 수 있는 경우, 보증인이 채무를 상환하지 않아도 되므로 상속재산에서 공제되지 않음)

임대보증금

고인이 생전에 부동산 등을 임대한 경우 임차인으로부터 임대보증금을 받았을 것입니다. 임대보증금은 임차인이 퇴거할 때 돌려줘야 할 '채무'이기에, 상속재산에서 공제할 수 있습니다.

퇴직금

고인이 개인사업을 운영하다가 사망하여, 폐업하는 경우가 있습니다. 이때, 상속인은 1년 이상 재직한 직원에게 고인을 대신하여 퇴직금을 지급해야 합니다. 때문에 고용한 직원에 대한 퇴직금은 고인의 채무로 보아, 상속재산에서 공제가 가능합니다.

23.

가업을
승계받는다면?

가업상속공제란

중소기업중앙회가 실시한 설문조사에 따르면, 60대 이상 중소기업 오너들의 76.2%가 가업승계과정에서 예상되는 가장 큰 어려움으로 '상속세'를 꼽았다고 합니다. 기업가치의 50%에 이르는 상속세를 내야 하지만, 이를 낼 수 있는 현금을 마련하기가 어렵기 때문입니다.

다행히 세법에는 고인이 10년 이상 운영한 중소기업을 자녀에게 승계하는 경우 최대 600억원을 공제해주는 제도가 있습니다. 이를 '가업상속공제'라고 합니다.

가업상속공제의 한도

가업상속공제를 적용받는 경우, 가업상속재산에 대하여는 100% 상속공제가 가능합니다. 예를 들어, 가업상속재산이 100억원 · 일반상속재산이 50억원이라면 일반상속재산 50억원에 대해서만 상속세가 부과되는 것입니다.

다만, 가업상속재산을 모두 공제해주면 고액 자산가의 세부담이 지나치게 줄어들 우려가 있습니다. 때문에 세법에서는 가업영위기간에 따라, 아래와 같은 한도를 두고 있습니다.

가업영위기간	공제한도
10년 이상 ~ 20년 미만	300억 원
20년 이상 ~ 30년 미만	400억 원
30년 이상	600억 원

가업상속공제의 요건

상속인이 가업상속공제를 적용받을 수 있다면 상속세 부담이 크게 줄어들 것입니다. 그러나 가업상속공제를 적용받으려면 여러 가지 까다로운 요건을 모두 충족하여야 합니다.

가업상속공제는 상속이 임박해서 준비하면 요건을 충족하지 못할 확률이 높습니다. 때문에 가업상속공제를 활용하고 싶다면 세무전문가와 사전에 상담을 진행할 필요가 있습니다. 이를 통해 업종 · 재직기간 · 지분 · 연령 등 여러 가지 요건을 충족할 수 있도록 미리 준비해야 합니다.

(가업상속공제의 세부적인 요건에 대하여는 보론에서 후술)

가업상속공제의 사후관리

상속세 신고 시 가업상속공제를 적용받아 세금을 감면받았다면, 5년간 사후의무요건을 이행해야 합니다. 상속인이 사후의무를 다하지 않으면 상속세가 다시 부과될 수 있습니다. 가업상속공제의 사후의무요건은 아래 표와 같습니다.

구분	사후의무	추징되는 경우
1	가업종사	상속인이 더 이상 가업에 종사하지 않는 경우
2	지분유지	상속받은 주식 등을 처분하여 지분이 감소한 경우
3	가업유지	가업상속재산의 40% 이상을 처분한 경우
4	고용유지	고용한 근로자 수를 유지하지 않은 경우

영농상속공제란?

가업상속공제와 유사한 제도로 영농상속공제가 있습니다. 영농상속공제란 영농에 종사하는 상속인이 영농재산을 상속받는 경우, 최대 30억원을 공제해주는 제도입니다.

고인과 상속인 모두 영농에 직접 종사해야 하는 등 여러 가지 요건을 충족해야 하며, 가업상속공제와 마찬가지로 5년간 사후관리규정이 있습니다.

[보론] 가업상속공제의 상세요건

가업상속공제를 적용받기 위해서는 아래 3가지 요건을 모두 충족하여야 합니다. 다만 아래 요건은 세법개정이 빈번하므로, 실제 요건을 검토하실 때에는 세무전문가와 상의하시기 바랍니다.

① 기업 요건

기 준	상세내역
계속 경영 기업	고인이 10년 이상 계속하여 경영한 기업이어야 합니다.
중소기업	① 상속세법에서 정한 업종을 영위해야 합니다. ② 법에 따른 중소기업에 해당해야 합니다. ③ 자산총액 5천억원 미만이어야 합니다.
중견기업	① 상속세법에서 정한 업종을 영위해야 합니다. ② 법에 따른 중견기업에 해당해야 합니다. ③ 상속개시일 전 3개 연도의 평균매출액이 5천억원 미만이어야 합니다.

② 고인 요건

기 준	상세내역
지 분	고인을 포함한 최대주주 등이 지분 40%(상장법인은 20%) 이상을 10년 이상 계속하여 보유해야 합니다.
거 주 자	고인이 상속개시일 현재 거주자이어야 합니다.
대표이사 재직요건 (3가지 중 1가지 충족)	가업 영위기간의 50% 이상 재직하여야 합니다.
	10년 이상의 기간을 재직하여야 합니다.
	상속개시일부터 소급하여 10년 중 5년 이상의 기간을 재직하여야 합니다.

③ 상속인 요건

기준	상세내역
연령	만 18세 이상이어야 합니다.
가업종사	상속개시일 전 2년 이상 가업에 종사해야 합니다.
취임기준	상속세 신고기한까지 임원으로 취임하고, 상속세 신고기한부터 2년 이내에 대표이사로 취임해야 합니다.
납부능력	가업이 중견기업에 해당하는 경우, 가업상속재산 외에 상속재산의 가액이 해당 상속인이 상속세로 납부할 금액의 2배를 초과하지 않아야 합니다.
조세포탈	가업의 경영과 관련하여 조세포탈 또는 회계부정행위로 징역형 또는 벌금형을 선고받고 그 형이 확정된 경우에는 가업상속공제 적용이 배제됩니다.

CHAPTER 4

상속재산,
어떤 금액으로
신고하는 걸까

24.

부동산은 어떤 금액으로
신고해야 할까?

상속부동산의 평가방법

2023년 6월 발표한 국세청 통계에 따르면, 상속세 신고 재산 가액 중 부동산(토지, 건물)이 차지하는 비율이 약 52%라고 합니다. 상속재산에서 부동산이 차지하는 비율이 절반 이상이니, 부동산을 어떤 금액으로 신고하느냐에 따라 상속세가 크게 바뀔 수 있는 것입니다.

그렇다면, 상속받은 부동산은 어떤 금액으로 신고해야 할까요?

상속세에서는 부동산을 평가하는 방법을 총 4가지로 나누고, 각 방법에 대한 우선순위를 정해두었습니다. 만약 〈1순위〉에 해당하는 금액이 없으면 〈2순위〉를 적용하고, 〈1·2순위〉에 해당하는 금액이 모두 없으면 〈3순위〉를 적용하는 식입니다.

순위	평가방법	비 고
1순위	거래금액	상속받은 부동산 그 자체가 거래된 금액 (상속개시일 전후 6개월 이내)
2순위	감정평가액	상속받은 부동산을 감정평가한 금액 (상속개시일 전후 6개월 이내)
3순위	유사매매 사례가액	상속받은 부동산과 유사한 부동산*이 거래된 금액 (상속개시일 전후 6개월 이내, 없는 경우 최대 2년 이내)
4순위	기준시가	상속부동산의 기준시가 (주택은 개별주택가격, 공동주택가격, 토지는 공시지가 등)

* 상속받은 부동산과 면적 · 기준시가가 5% 이내로 차이나는 부동산을 의미함

모든 부동산은 정해진 순위에 따라 평가하여 상속세를 신고해야 합니다. 다만, 부동산의 종류별로 개별적인 특성이 있기에, 부동산마다 상속세 신고 시 유의해야 할 포인트를 위주로 말씀드리겠습니다.

아파트

한국은 아파트공화국이라고 불릴 만큼 수많은 아파트가 있는 국가입니다. 때문에 상속재산에도 아파트가 포함되어있는 경우가 많습니다. 이러한 아파트의 특성 중 상속세에서 주목해야 할 점은 같은 단지 내에 '유사한 부동산'이 많다는 것입니다.

[출처] 네이버 부동산, 수많은 유사매매사례가액

같은 단지 내에서도 유사한 부동산 거래가 활발하게 이루어지기 때문에, 대부분 〈3순위〉인 유사매매사례가액이 존재하는 경우가 많습니다.

때문에 〈4순위〉인 기준시가를 적용하기 전에 유사부동산의 거래가 존재하는지 먼저 체크할 필요가 있습니다. 또한, 상속세 신고 전까지는 〈3순위〉인 유사매매사례가액이 없었으나, 신고 이후에 유사매매사례가액이 생기는 일도 있으니 유의해야 합니다.

2년 전 거래된 가격으로 상속세를 신고하라고요?

사망일 이전 2년 이내의 기간 중 유사매매사례가액이 있는 경우, 국세청은 '평가심의위원회'의 심의를 거쳐 상속재산을 평가할 수 있습니다.

(단, 시간의 경과 및 주위환경의 변화 등을 고려하여 가격이 변동될 만한 특별한 사정이 없는 경우에 한정함)

토지

상속세에서 주목해야 할 토지의 특성은 토지마다 면적·형질·종류·모양 등이 모두 제각각이라는 점입니다. 그래서 유사한 부동산이라고 볼 수 있는 토지가 흔치 않고, 토지 자체의 거래량도 다른 부동산에 비해 적은

편이라 〈3순위〉인 유사매매사례가액이 흔치 않습니다.

때문에 〈1순위〉인 거래금액과 〈2순위〉인 감정평가액이 없다면, 주로 〈4순위〉인 기준시가(토지의 경우, 개별공시지가)로 상속세를 신고하는 것이 일반적입니다.

상속세에서 비과세되는 토지

'금양임야'와 '묘토인 농지'는 개인의 사유재산으로 보기 어렵고, 제사를 모시기 위한 재원으로 사용되는 점을 고려하여 비과세 됩니다.

1. 금양임야
   ① 고인이 제사를 모시고 있던 선조의 분묘(무덤) 주변의 임야일 것
   ② 제사를 주재하는 상속인이 금양임야를 상속받을 것
   ③ 9,900㎡ 이내의 면적일 것

2. 묘토인 농지
   ① 고인이 제사를 모시고 있던 묘지 주변에 제사를 모시기 위한 재원으로 사용하는 농지일 것
   ② 제사를 주재하는 상속인이 묘토인 농지를 상속받을 것
   ③ 1,980㎡ 이내의 면적일 것

상가

다른 부동산과 비교해봤을 때, 상속세에서 주목해야 할 상가의 특성은 '저당권(대출, 담보 등)' 그리고 '임대차계약'입니다. 앞서 모든 부동산을 평가할 때, 〈1순위〉~〈4순위〉에 따라 상속세를 신고해야 하는 점을 말씀드렸습니다. 다만, 여기에는 2가지 예외가 있습니다.

첫 번째, 저당권(대출 등)이 있는 경우입니다. 저당권이 있는 부동산은 〈1순위〉~〈4순위〉에서 평가된 금액과 저당권 설정금액 중 '큰 금액'으로 신고를 해야 합니다.

(이는 일반적으로 채권자가 담보를 요구하는 경우, 최소한 대출금액 이상의 가치가 있는 부동산을 요구하기 때문으로 보입니다.)

[예시] 저당권이 설정된 경우

순위	평가방법	금액
1순위	거래금액	–
2순위	감정평가액	8억원
3순위	유사매매사례가액	–
4순위	기준시가	5억원
예외	저당금액	10억원

만약, 저당권이 없다면 가장 우선순위에 해당하는 감정가액인 8억원으로 상속세를 신고해야 합니다. 그러나 저당권이 설정되어있으므로 8억원과, 저당금액인 10억원 중 큰 금액인 10억원으로 상속세를 신고해야 합니다.

두 번째, 임대차계약이 체결된 경우입니다. 임대차계약이 체결된 경우는 저당권이 설정된 경우와는 일정 부분 차이가 있습니다. 임대차계약이 체결되어 있더라도 ⟨1순위⟩~⟨3순위⟩에 해당하는 금액이 있다면 그 금액으로 상속세를 신고해야 합니다.

다만, 4순위를 적용할 때에는 기준시가와 임대료 환산가액 중 '큰 금액'으로 상속세를 신고해야 합니다. 임대료 환산가액이란 임대료를 기준으로 부동산의 가치를 평가한 금액을 의미합니다.

임대료 환산가액
= 임대보증금 + 1년간 임대료/12%

건물(빌딩)

건물(빌딩)은 생김새·위치·층수·용적률·일조량 등이 모두 제각각입니다. 토지와 마찬가지로 유사매매 사례가액이 많이 없는 편입니다.

그러면 토지와 마찬가지로 "〈4순위〉인 기준시가로 신고하면 되는 거 아니야?"라고 생각하실 수 있을 겁니다.

그러나 건물(빌딩)에는 토지와는 다른, 주목해야 할 특성이 있습니다. 〈4순위〉에 해당하는 기준시가가 실제 시세를 반영하지 못한다는 점입니다. 국세청 보도자료에 따르면, 건물(빌딩)의 기준시가가 실제로 거래되는 시세의 50%~60% 수준이라고 합니다.

국세청은 건물(빌딩)의 이러한 특성 때문에 기준시가로 상속세를 신고하는 경우, 국세청에서 직접 '감정평가'를 의뢰하고 있습니다. 이 경우, 기준시가와 감정가액의에 차액에 대한 상속세가 추가로 추징될 수 있으므로 유의해야 합니다.

따라서 건물(빌딩)의 경우, 기준시가로 신고하는 것보다 감정평가를 통하여 신고하는 것이 안전한 신고방법이라고 할 수 있습니다.

(저자의 경험에 따르면, 상속인이 감정평가한 금액은 국세청에서 감정한 금액에 비하면 상당히 낮은 수준입니다.)

건물(빌딩)은 무조건 국세청에서 감정평가를 하나요?

국세청의 내부지침이라고 볼 수 있는 국세사무처리규정에 따르면, 아래에 해당하는 경우에는 감정평가를 할 수 있게 규정되어있습니다.

① 예상 감정가액과 기준시가의 차이가 10억원 이상인 경우
② 예상 감정가액과 기준시가의 차이가 10% 이상인 경우

분양권(조합원입주권)

분양권(조합원입주권)은 건설사에서 측정한 '가격'이 있습니다. 건설사에서 분양한 가격이 7억원이라면, 7억원에

분양권을 살 수 있습니다. 그러나 분양권(조합원입주권)은 중요한 특성이 있습니다. 분양권의 경우 청약에서 당첨된 사람만 살 수 있고, 조합원입주권은 기존 주택을 가지고 있는 조합원이어야만 얻을 수 있다는 점입니다.

만약 청약에 당첨되지 않거나 조합원이 아니라면, 일반적으로 분양가격(조합원입주가)에 프리미엄을 더해서 구매해야 합니다.

(물론, 프리미엄이 (−)가 되는 경우도 있습니다.)

상속세에서는 이러한 분양권(조합원입주권)의 특성을 고려하여, 아래와 같이 분양권(조합원입주권)을 계산하게 되어있습니다.

분양가격 ± 프리미엄
− 앞으로 내야 할 중도금 · 잔금

다만, 일반적인 부동산과 달리 분양권(조합원입주권)은 프리미엄을 확인하는 것이 어려운 경우가 있습니다. 따라서 분양권(조합원입주권)의 프리미엄을 확인하기 어려운 경우, 감정평가를 통하여 신고를 하는 것이 안전한 신고방법이라고 볼 수 있습니다.

25.

부동산 감정평가는
어떤 경우에 유리할까?

감정평가수수료
이상의 실익이 있으려면

앞선 챕터에서 부동산은 '순위'에 따른 평가방법으로 신고해야 한다고 말씀드렸습니다. 상속받은 부동산이 〈1순위〉에 해당하는 거래금액이 없다면, 상속인은 부동산 감정평가를 받아 〈2순위〉에 해당하는 감정평가액으로 상속세를 신고할 수 있습니다.

그러나 감정평가를 받으려면 감정평가사에게 수수료

를 지급해야 합니다. 상속인의 입장에서 감정평가수수료보다 '감정평가를 받았을 때 상속세 절세액'이 더 커야 실익이 있는 것입니다. 따라서 무작정 감정을 받는 것보다는 감정평가수수료와 절세액을 비교해 보아야 합니다.

정식으로 감정평가를 의뢰하기 전에 탁상감정(예상감정)을 받아 볼 수 있습니다. 탁상감정(예상감정)을 진행하여 감정평가의 실익을 따져본 후, 최종적으로 감정 여부를 판단하는 것이 좋습니다.

감정평가수수료는 법으로 정해져 있다고요?

공정한 감정평가를 위하여, 감정평가수수료는 법적으로 정해져 있습니다.

(다만, 정해진 감정평가수수료에서 ±20% 범위까지는 조정할 수 있습니다.)

감정가액	감정평가수수료
5천만원 이하	200,000원
5천만원 초과 ~ 5억원 이하	200,000원 ~ 695,000원
5억원 초과 ~ 10억원 이하	695,000원 ~ 1,145,000원
10억원 초과 ~ 50억원 이하	1,145,000원 ~ 4,345,000원
50억원 초과 ~ 100억원 이하	4,345,000원 ~ 7,845,000원
100억원 초과 ~ 500억원 이하	7,845,000원 ~ 31,845,000원

[실전 Case] 감정평가를 통해 1.3억원을 절세

구 분	유사매매사례가액	감정가액	비 고
상속재산	16억원	12억원	
일괄공제	5억원	5억원	
과세표준	11억원	7억원	
(X)세율	40%	30%	누진세율
상속세	2.8억원	1.5억원	절세액 1.3억원

　　상속개시일 4개월 전에 상속부동산과 유사한 부동산
이 16억원에 거래되었으나, 부동산 시장이 급격하게 얼
어붙어 현재는 거래가 이루어지지 않고 호가도 많이 낮
아진 상태였습니다. 감정평가수수료(124만원)가 발생하

였으나 예상감정가액(12억원)이 낮아, 감정평가를 통하여 상속세 신고를 진행하기로 하였습니다.

결론적으로 감정평가수수료로 124만원을 지불하고, 총 1.3억원의 상속세를 절세할 수 있었던 케이스입니다.

상속부동산을 양도할 계획이라면

감정평가를 진행하는 것이 절세효과가 크다 하더라도, 상속받은 부동산을 양도할 계획이 있다면 반드시 고려해야 할 것이 '양도소득세'입니다.

'양도소득세'란 양도차익, 즉 내가 취득한 가격과 내가 판 가격의 차이에 대하여 부과하는 세금입니다. 그런데 상속부동산의 취득가격은 '내가 상속세를 신고한 금액'으로 결정이 됩니다.

양도차익 = 양도금액 − 취득금액

때문에 감정평가를 통해 신고금액을 낮추게 되면 그만큼 취득가격이 낮아지게 되고, 추후 양도 시 양도차익이 커져 양도소득세가 늘어나는 효과가 발생합니다.

따라서 상속부동산을 양도할 계획이 있다면, 당장의 '상속세'뿐만 아니라 훗날의 '양도소득세'도 함께 고려하여 의사결정을 해야 합니다.

자주 묻는 질문

Q. 감정평가사에게 지급한 수수료도 상속세에서 공제가 가능한가요?

네, 가능합니다. 상속세 신고를 목적으로 감정평가를 한 경우, 최대 500만원까지 감정평가수수료공제가 가능합니다.

Q. 탁상감정(예상감정)과 실제 감정이 차이 나는 경우가 있나요?

대부분 큰 차이가 없습니다. 물론 예상감정이다 보니 실제 감정과 차이가 날 수 있으나, 대부분 5% 미만의 차이가 발생합니다.

Q. 감정가액을 국세청에서 불인정할 수 있나요?

드문 사례이지만, 감정가액이 다른 감정평가사의 가액과 대비하여 현저히 미달하는 경우 불인정 되는 경우가 있습니다.

Q. 감정평가를 2곳 이상 받아야 하는 경우도 있나요?

네, 있습니다. 기준시가가 10억원을 초과하는 부동산은, 2곳 이상의 감정평가사에게 감정을 받아 '평균 감정가액'으로 상속세를 신고해야 합니다.

(또한, 분양권 · 입주권의 경우 기준시가와 관계없이 2곳 이상 감정 필요)

26.

보험금도 상속세를
내야 할까?

보험금과 상속세

고인이 생전에 생명보험을 가입해두었다면, 사망 시 보험금이 지급될 것입니다. 이때, 보험금의 수익자가 상속인으로 되어있다면 보험금은 상속재산이 아닌, 상속인 '고유의 재산'입니다.

때문에 보험금은 상속세가 부과되지 않는다고 생각하는 경우가 많습니다. 그러나 세법에서는 보험금을 '간주상속재산'으로 보아 상속세를 부과합니다. 간주상속재산이란, 본래의 상속재산은 아니지만 그 경제적 실질이 상속재산과 동일한 재산을 의미합니다.

알아두면 좋은 보험용어

① 계 약 자 : 보험계약을 하는 사람
② 피보험자 : 보험의 대상자(피보험자가 사망하는 경우 보험금 지급)
③ 수 익 자 : 보험금을 받을 사람
④ 보 험 료 : 계약자가 보험회사에 납입하는 금액
⑤ 보 험 금 : 피보험자가 사망할 경우,
　　　　　　보험회사가 수익자에게 지급하는 금액

보험금, 상속세에서 비과세되려면

보험 계약 방식에 따른 상속세

구분	계약자	피보험자	수익자	과세여부
1	부모	부모	부모	과세
2	부모	부모	자녀	과세
3	자녀	부모	부모	과세
4	자녀	부모	자녀	비과세

보험금은 간주상속재산으로 보기 때문에 상속세가 과세됩니다. 그러나 보험계약방식에 따라 사망보험금이 비과세가 되는 경우가 있습니다.

부모님에 대한 사망보험을 자녀가 가입하고, 수익자를 자녀 본인으로 설정하면 상속세가 과세되지 않습니다. 그 이유는 간단합니다. 본인이 납부한 보험료에 대하여 본인이 보험금을 수령하므로, 그 경제적 실질이 상속이 아니기 때문입니다.

(경제적 실질이 상속이 아니므로 간주상속재산에서 제외됨)

다만, 주의해야 할 점은 보험료를 부모가 대신 내줘서는 안 된다는 것입니다. 자녀가 내야 할 보험료를 부모가 대신 납입하거나, 자녀 명의의 계좌에서 보험료를 납입하였더라도 실질적으로 부모가 보험료를 대신 내준 경우라면 상속세가 부과됩니다.

이미 가입한 보험,
상속세를 조금이라도 줄이려면

만약 이미 보험에 가입한 경우로서 상속세가 과세될 수 있는 상황이라면, 지금이라도 명의변경을 고려해보시는 것이 좋습니다. 보험 계약자와 수익자를 자녀로 변경한다면, 이후에 납입한 보험료의 비율만큼은 비과세를 적용받을 수 있습니다.

$$비과세되는\ 보험금\ =\ 보험금 \times \frac{자녀가\ 낸\ 보험료}{총\ 납입보험료}$$

[예시] 보험계약기간 중 계약자를
자녀명의로 변경하는 경우

○ 계약자 : 고인 → 자녀(명의변경)
○ 총 납부한 보험료 : 1,000만원
  – 고인이 납부한 보험료 : 200만원
  – 자녀가 납부한 보험료 : 800만원

○ 보험금 1억원을 자녀가 수령 시 간주상속재산은?

[해설]

$$\frac{1억원}{(보험금)} \times \frac{자녀가\ 낸\ 보험료}{총\ 납입보험료} = \frac{2천만원}{(간주상속재산)}$$

27.

놓치기 쉬운 상속재산은
뭐가 있을까?

누락하기 쉬운 상속재산

경제적 가치가 있는 모든 물건 및 권리는 전부 상속세 신고대상입니다. 금융재산, 부동산, 보험금 등 일반적으로 흔히 신고되는 상속재산 이외의 기타 상속재산은 상속세 신고 시 누락되는 경우가 많습니다. 상속세 신고서에 상속재산이 누락되는 경우, 가산세가 발생하므로 주의할 필요가 있습니다. 기타 상속재산 중 누락이 자주 발생하는 3가지 상속재산에 대하여 설명드리겠습니다.

차량

상속세에서는 차량을 평가하는 방법을 총 4가지로 나누고, 각 방법에 대한 우선순위를 정해두었습니다. 만약 1순위에 해당하는 금액이 없으면 2순위를 적용하고, 1·2순위에 해당하는 금액이 모두 없으면 3순위를 적용하는 식입니다.

순위	평가방법	내 용
1순위	매도금액	상속받은 차량을 매도한 경우, 그 거래금액 (상속개시일 후 6개월 이내)
2순위	재취득가액	차량을 처분 후 다시 취득할 수 있다고 예상되는 금액 (중고시세)
3순위	장부가액	사업자의 경우 회계 장부에 기재한 금액 (사업을 하지 않는 개인은 없음)
4순위	시가표준액	지방세법에 따른 시가표준액

다만, 차량 노후화 등으로 상속개시일로부터 6개월 이내에 차량을 폐차한 경우, '폐차가액'이 적용됩니다.

폐차가액이란?

폐차가액이란 차량을 폐차함에 따라 받은 가액(고철 값)을 의미합니다. 다만, 차량을 폐차하면서 오히려 비용을 지불하였거나, 받은 금액이 없다면 폐차가액은 '0원'으로 볼 수 있습니다.

미술품(서화, 골동품 등)

(판매용이 아닌) 미술품 등 예술적 가치가 있는 물건은 2명 이상의 전문가가 감정한 가액의 평균액으로 신고해야 합니다. 다만, 미술품의 특성상 전문가마다 감정가액의 편차가 있을 수 있어, 국세청에서 심의한 가액 대비 현저한 차이가 발생하는 경우 재감정을 받아야 합니다.

미술품을 평가할 수 있는 전문가의 범위?

세법에는 미술품을 평가할 수 있는 '전문가'의 범위에 관해서는 규정이 없습니다. 실무적으로 분야별(서화, 도자기, 목공예 등) 권위자의 의견을 반영하여 평가합니다.

저작권(특허권, 디자인권 등)

저작권은 눈에 보이지 않지만, 경제적 가치가 있는 권리에 해당합니다. 따라서 고인께서 저작권이 있으셨다면 상속세 신고 시 반영해야 합니다.

저작권을 상속받음에 따라 생기는 경제적 가치는 저작권료입니다. 따라서 상속세 신고 시 저작권은 '미래에 받을 저작권료의 현재가치'로 신고하게 되어있습니다. 다만, 미래에 받을 저작권료가 확정되지 않은 경우, 과거 3개년 평균 저작권료를 기반으로 미래에 받을 저작권료를 산정합니다.

저작권 등의 권리보호기간은?

저작권은 저작자 '사후 70년', 특허권은 '출원일로부터 20년', 상표권은 '등록일로부터 10년'동안 권리가 보호됩니다.

28.

가상자산도
상속세를 내야 할까?

가상자산과 세금

22년 기획재정부의 세제개편안에 따르면, 가상자산을 '양도' 또는 '대여'함으로써 발생하는 소득에 대한 과세가 2년간 유예되었다고 합니다.(2025년부터 발생하는 소득부터 과세)

가상자산에 대한 세금이 유예되었으니, 상속세도 25년까지 없는 걸까요?

(4) **가상자산 과세 2년 유예**(소득법 §37⑤, 소득법 부칙, 법인법 부칙 등)

현 행	개 정 안
□ **가상자산소득에 대한 과세**	□ **시행시기 유예**
○ **(과세대상)** 가상자산을 양도 또는 대여함으로써 발생하는 소득	
○ **(소득구분)** 기타소득	○ (좌 동)
○ **(과세방법)** 250만원 기본공제를 적용한 소득에 대해 20% 세율로 분리과세	
○ **(시행시기)** '23.1.1.	○ '25.1.1.

〈개정이유〉 가상자산 시장여건, 투자자 보호제도 정비 등 고려

[출처] 기획재정부 보도자료, 22년 세제개편안

그렇지 않습니다. 유예된 과세대상은 가상자산을 양도 또는 대여함으로써 발생하는 소득일 뿐이라, 가상자산을 '상속'받는 경우에는 상속세를 내야 합니다.

상속세법에 따르면 경제적 가치가 있는 모든 물건 및 권리는 상속세를 내야 할 의무가 있습니다. 비트코인으로 대표되는 가상자산도 경제적 가치가 있기에, 상속세 납부의무가 있습니다.

가상자산은 어떤 금액으로 신고해야 할까

가상자산은 시세가 실시간으로 바뀌는 특성이 있습니다. 상속세법에서는 가상자산의 가격 변동성을 고려하여 상속일(사망일)을 기준으로 전·후 1개월 동안에 거래소에서 공시되는 일평균가액의 평균액으로 상속세를 신고하게 규정되어있습니다.

가상자산의 상속세 신고,
꼭 해야 할까

거래소를 통한 거래가 아닌 가상자산 지갑 등을 통하여 상속받은 경우, 가상자산의 특성상 국세청에서도 파악이 쉽지 않은 것이 사실입니다.

다만 상속세 신고 당시에 파악되지 않더라도, 지갑에 있는 가상자산을 현금화하여 사용하는 과정에서 적발될 위험이 있습니다.(자금출처가 불분명한 금액을 사용하는 경우, 자금출처조사를 통해 상속 사실을 파악할 가능성이 있습니다.)

또한, 국내거래소를 통하여 가상자산을 상속받는 경우 되도록 신고를 권장하고 있습니다. 아직까지는 안심상속조회서비스에 가상자산이 조회되지 않지만, 가상자산 투자자가 지속적으로 늘어나고 있는 만큼 국내거래소의 가상자산 보유내역이 국세청에 제공될 것으로 예상하고 있습니다.

CHAPTER 5

세무조사를
준비한다면

29.

세무조사는
무조건 받는 걸까?

상속세, 정부가
'확정(결정)'해야 끝나는 세금

상속세는 일반적인 세금과 다른 특징이 있습니다. 바로 상속세가 '정부부과 세목'이라는 점입니다. 정부부과 세목이란 납세자가 세금을 신고·납부하면, 정부가 이를 다시 검토하여 최종적으로 세액을 확정하는 세목을 말합니다.

따라서 상속인이 상속세를 신고하고 납부를 마쳤더

라도, 국세청은 이 신고에 문제가 없는지 한 번 더 확인해야 합니다. 국세청은 상속세 신고에 대하여 3가지의 형태로 '확정(결정)'할 수 있습니다.

자료처리

자료처리란, 별도의 추가적인 조사 없이 상속인이 신고한 자료를 기준으로 상속세를 확정하는 것을 의미합니다. 재산규모가 작아 상속세가 거의 없거나, 재산 대부분이 부동산인 경우 등 별도의 조사를 하지 않더라도 신고된 금액을 그대로 인정할 수 있을 때 자료처리대상이 됩니다.

간편조사

간편조사는 단기간 동안 최소한의 범위에서 이루어지는 조사를 의미합니다. 재산규모가 비교적 작고 세금 탈루혐의가 없어 보이나, 확인이 필요한 사항이 있는 경우 간편조사를 실시하게 됩니다.

간편조사는 주로 우편 · 전화 · 팩스 등으로 이루어지며, 상속인들은 세무서에서 요청한 질의사항에 답변을 해야 합니다. 간편조사에서도 세금탈루혐의가 확인되면 추가적인 세금이 부과될 수 있으니, 소명자료를 성실히 준비할 필요가 있습니다.

세무조사(일반조사)

상속세를 신고하면 예외적으로 자료처리나 간편조사를 통해 확정(결정)되는 경우도 있으나, 대부분 세무조사를 받게 됩니다. 세무조사는 상속인들이 세금을 탈루해서 받는 것이 아니라, 정부부과 세목의 특성상 거쳐야 하는 법적인 절차이기 때문입니다.

세무조사는 크게 2가지로 나눌 수 있습니다. 일선 세무서에서 실시하는 세무조사와 국세청에서 실시하는 세무조사입니다. 상속재산가액이 50억원 미만이라면 일선 세무서, 상속재산가액이 50억원 이상이라면 국세청에서 조사를 하게 됩니다. (조사기관에 따라 조사범위가 달라지는 것은 아니나, 일반적으로 국세청이 일선 세무서보다 강도 높은 조사를 진행합니다.)

[참고] 세무조사 선정기준

감사원의 〈세무조사 운영실태 감사보고서〉에 따르면, 국세청은 자료처리·간편조사·세무조사를 아래와 같은 기준으로 결정하고 있습니다.

구분		기　준
세무서 신고담당	자료처리	① 과세미달 ② 재산 20억 미만 & 부동산, 보험금 외 재산 1억 미만 ③ 재산 15억 미만 & 상속세액 1천만원 미만
세무서 조사담당	자료처리	재산 25억 미만 & 부동산, 보험금 외 재산 3억원 미만
	간편조사	재산 30억원 미만 중 탈루혐의 없는 경우
	세무조사	그 외
국세청	세무조사	재산 50억 이상

[출처] 감사원, 2021년 세무조사 운영실태

다만 위 기준은 국세청의 내부지침으로, 세수 현황에 따라 변경될 수 있으니 참고만 하시는 것이 좋습니다.

30.

세무조사의 절차는
어떻게 될까?

세무조사의 시작,
세무조사 사전통지서

정식으로 세무조사가 시작되기 전에, 상속인에게 '세무조사 사전통지서'가 우편으로 발송됩니다. 세무조사 사전통지서에는 조사기간 · 조사대상 · 조사사유 등이 명시되어 있으며, 세무조사 시작 전 필요한 절차가 안내되어 있습니다.

세무조사 사전통지서는 세무조사가 시작되기 15일

이전에 발송되므로, 사전통지서를 받은 상속인들은 세무조사를 미리 준비하는 것이 좋습니다.

세무조사,
주로 어떤 걸 물어볼까

세무조사는 대략 2달 정도의 기간 동안 이루어집니다. 본격적인 세무조사가 시작되면, 세무공무원은 상속인이 신고한 신고서를 다방면으로 검토합니다. 그 중 세무조사에서 자주 물어보는 4가지 사항에 대하여 말씀 드리겠습니다.

[쟁점1] 상속재산을
빠뜨리진 않았는지?

상속받은 재산이 있음에도 상속세 신고 시 누락한 경우를 의미합니다. 상속인이 상속재산의 존재를 실제로 몰랐던 경우도 있지만, 단순 실수로 누락한 경우도 많습니다.

상속재산을 누락하는 경우 현실적으로 소명할 방법이 없어, 과소신고가산세와 납부지연가산세를 추가로 부담해야 합니다. 때문에 상속세 신고 시에 상속재산이 누락되지 않게 주의할 필요가 있습니다.

[쟁점2] 사전증여재산은 잘 신고했는지?

사전증여재산은 상속세 세무조사의 주된 검토대상입니다. 사망일로부터 과거 10년 이내에 '상속인'에게 이체된 내역이 있거나, 사망일로부터 과거 5년 이내에 '상속인이 아닌 자'에게 이체된 내역이 있다면, 그 금액들은 상속재산에 포함하여 신고해야 합니다. 만약, 이를 누락했을 경우에 사전증여가 아님을 상속인이 소명해야 합니다.

소명 시 주의해야 할 점은 '어디에 썼던 것 같다', '병원비에 사용하신 것 같다' 등 정황만으로 해명하는 것입니다. 물론 고인이 과거에 이체한 내역을 상속인 입장에서 모두 파악하기는 어렵겠지만, 단순 정황만 제시

해서는 소명이 안되는 경우가 많습니다. 때문에 소명을
할 때는 정황을 뒷받침해줄 근거서류를 함께 준비하여
제출하는 것이 필요합니다.

[쟁점3] 상속재산의 가액은
적정하게 반영했는지?

상속재산의 가액을 세법에 따라 정확하게 신고하였
는지를 의미합니다. 상속세는 상속재산별로 평가방법
이 법으로 정해져 있습니다. (예금이라면 상속개시일 잔액, 상장
주식이라면 상속개시일 전후 2개월 평균금액 등)

만약 상속인이 정확한 금액이 아닌 임의의 가액으로
상속재산을 낮춰서 신고하는 경우, 국세청은 낮춘 금액
만큼 상속세를 과소신고했다고 봅니다. 따라서 상속세
신고 전에 상속재산이 법에 따라 정확하게 평가되었는
지 다시 한 번 검토해볼 필요가 있습니다.

[쟁점4] 상속공제는
적정하게 반영했는지?

상속세는 여러 가지 공제가 많습니다. 배우자상속공제, 동거주택상속공제 등의 상속공제는 항상 '요건'과 '한도'가 정해져 있습니다.

요건을 갖추지 못하였는데 공제를 신청하였거나, 한도를 초과하여 공제를 신청한 경우에는 가산세가 부과됩니다. 때문에 상속세를 신고하기 전에 공제항목이 적정하게 반영되었는지 체크해보는 것이 좋습니다.

세무조사의 마무리,
결정통지서

세무조사 과정이 마무리되면, 국세청에서는 상속인에게 조사결과를 알려주고 의견진술기간을 부여합니다. 만약 상속인이 조사결과에 동의하지 않는 경우, 의견진술기간 내에 서면으로 이의를 제기할 수 있습니다.

의견진술기간이 종료되면, 국세청은 최종적으로 세액을 확정하고 각 상속인에게 결정통지서를 발송합니다. 이로써 세무조사의 절차가 마무리됩니다.

세무조사 결과를 최종적으로 받아들일 수 없다면?

상속인은 결정통지를 받고 90일 이내에 불복절차를 진행할 수 있습니다. 불복절차에는 이의신청 · (감사원)심사청구 · (국세청)심사청구 · 심판청구가 있으며, 상속인은 불복절차를 진행하는 동안 조사결과에 대하여 이의를 제기할 수 있습니다.

만약 불복절차를 진행했음에도 결과를 받아들이기 어려운 경우, 행정소송(1심, 2심, 3심)을 통해 권리구제를 받을 수 있습니다.

31.

세무조사, 끝나도
끝이 아닌 이유가 뭘까?

세무조사의 사후관리

세무조사를 마친 상속인들은 상속세의 모든 절차가 끝났다고 생각하시는 경우가 많습니다. 그러나 상속세 세무조사에는 '사후관리'가 있습니다.

국세청은 '세무조사 당시에 파악되지 않은 재산이 추가로 발견되었는지', '조사과정에서 상속인들이 소명한 내용이 세무조사 이후에도 일관성이 있는지' 등에 대하여 최대 5년간 사후관리합니다. 만약 사후관리 과정에

서 적발되는 사항이 있다면, 국세청은 상속세를 추가로
부과합니다.

사후관리 대상은
주로 어떤 게 있을까

세무조사의 사후관리 대상이 되는 주요항목은 다음
과 같습니다.

채무를 상속공제받은 경우

상속세 신고 시 '채무'로 인정받은 금액이 있다면 사
후관리 대상이 됩니다. '채무'를 상속재산에서 차감해주
는 이유는, 고인이 갚아야 할 채무를 상속인들이 대신
상환해야 하기 때문입니다.(상속인들이 고인의 채무를 대신 상환
해야 한다면, 그만큼 상속재산이 줄어드는 효과가 발생합니다.)

금융기관에서 빌린 채무는 여지없이 상환해야 하기
때문에 문제의 소지가 없지만, '가족 간 또는 개인 간 채

무'의 경우 주의가 필요합니다. 상속세 신고 당시에는 고인이 갚아야 할 채무로 반영하였으나, 실제로 상속인들이 고인의 채무를 갚지 않는 경우가 더러 있기 때문입니다.

국세청은 상속인들이 고인의 채무를 대신 상환하지 않는다면, 실제 채무가 아니라고 보아 상속세에서 공제해주지 않습니다. 따라서 상속세 신고 시 '채무'를 반영하였다면, 상속인들이 이를 실제로 상환할 필요가 있습니다.

상속재산이 추가로 발견되는 경우

조사 당시에는 파악되지 않았던 상속재산이 추가로 발견되는 경우입니다. 단순누락보다는, 금괴 · 국외자산 · 예술품 · 가상자산 등 은닉재산이 추가로 발견되는 것이 대다수입니다.

조사 당시에는 은닉재산이 드러나지 않았더라도, 추후 상속인들이 이를 처분할 때 적발될 수 있습니다. 은

닉재산은 조세 포탈 등으로 함께 처벌될 수 있으므로, 각별히 유의할 필요가 있습니다.

재산분할비율을 준수하지 않은 경우

배우자상속공제를 최대로 적용하기 위해 배우자에게 많은 금액을 주는 것으로 협의하였다가, 세무조사를 마친 이후에 배우자가 자녀에게 상속재산을 다시 배분하는 경우가 종종 있습니다. 그러나, 상속재산 분할비율에 대하여도 5년간 사후관리가 되므로, 실제 분할비율대로 상속세를 신고할 필요가 있습니다.

고액상속인이라면
더욱 유의해야 하는 이유

고액상속인은 상속재산가액이 30억원 이상인 상속인을 말합니다. 국세청은 고액상속인에 대하여, 보다 엄격하게 사후관리를 하고 있습니다. 만약 상속개시 후 5년이내에 상속인이 보유한 재산이 상속개시 당시에 비해

크게 증가한 경우, 기존의 세무조사결과와 무관하게 상속세 신고에 오류가 있는지 다시 한 번 검토합니다.

고액상속인은 모두 사후관리 대상인가요?

국세청의 내부지침이라고 볼 수 있는 국세사무처리규정에 따르면, 아래와 같이 고액상속인을 '의무적으로' 사후관리 하도록 규정*되어있습니다.

* 조사국장 또는 재산제세 담당과장은 상속재산가액 30억원 이상 고액상속인에 대하여 연 1회 이상 자체 계획을 수립하여 사후관리 하여야 한다.

32.

10년 치 거래내역을
봐야 한다고요?

일반적으로 상속세는 고인이 남긴 재산에 대해 내는 세금으로 알려져 있습니다. 그러나 상속세에서는 과거 10년간 고인이 상속인(혹은 5년간 상속인 외의 자)에게 증여한 금액이 있는 경우, 그 금액에 대해서도 세금을 부과합니다. 고인이 과거에 증여한 재산을 세법에서는 "사전 증여재산"이라고 합니다.

상속세 신고대상 재산 (①+②)

① 고인이 사망하면서 남긴 재산 (= 실제 상속재산)

② 고인이 상속인에게 과거 10년간 사전에 증여한 재산 (= 사전증여재산)

[고인이 '상속인이 아닌 자'에게 증여한 경우, 과거 5년간 증여한 재산]

왜 과거에 증여한 재산까지 현재의 상속세에 포함 시킬까요?

그 이유는 사망을 예상할 수 있는 단계에서 상속재산을 여러 사람에게 미리 증여하여 상속세 부담을 회피하는 것을 방지하기 위함입니다. 다시 말해, 상속세를 줄이기 위하여 '사망 직전'에 재산을 모두 증여해버리는 경우 등을 방지하기 위해 생긴 규정입니다.

이미 증여세를 냈는데
상속세를 또 내야 할까

상속세 신고에 포함해야 하는 사전증여재산에는, 과거에 이미 적법하게 증여세 신고 · 납부까지 한 재산도 포함됩니다. "이미 과거에 증여세를 냈는데, 상속세 신고 시에 사전증여재산에 포함되면 세금을 두 번 내라는 건가?" 라고 생각하실 수 있을 것입니다.

그러나 세법에서는 이러한 이중과세를 방지하기 위하여, 사전증여재산을 포함해서 상속세를 계산하되, 이미 낸 증여세가 있다면 그 증여세는 차감해주고 있습니다.

(이중과세를 방지하기 위한) 상속세 계산방식

(실제 상속재산 + 사전증여재산)을 기준으로 계산한 상속세
– 이미 낸 증여세

정말 10년 치
거래내역을 다 볼까

"고인의 은행도 여러 개, 계좌도 수십 개인데, 10년 치 거래내역을 국세청에서 다 볼 시간이 있을까요?" 라고 생각하시는 경우가 많습니다.

실제로 과거에 전산이 발달하지 못했을 때는 과거 3년 치, 혹은 5년 치의 거래내역만 보는 일도 있었다고 합니다. 그러나 전산이 발달한 지금은 10년 치 거래내역을 보는 것이 어려운 일이 아니게 되었습니다.

연도별 사전증여재산 추이

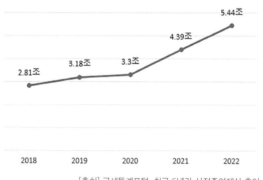

[출처] 국세통계포털, 최근 5년간 사전증여재산 추이

실제 국세통계포털을 보더라도, 최근 5년간 사전증여재산 추이가 가파르게 상승하는 것을 알 수 있습니다. 2022년에는 사전증여재산으로 반영된 재산만 5.44조원일 정도이며, 앞으로도 매년 증가할 것으로 예상됩니다.

33.

사망 전에 재산을
현금으로 출금한다면?

사망 전 현금인출을
주의해야 하는 이유

고인이 사망하기 전에 은행계좌에서 현금을 인출하여, 금고에 보관해두는 경우가 종종 있습니다. 이는 '자녀들이 내야 할 상속세를 조금이라도 줄일 수 있지 않을까' 하는 생각 때문일 것입니다.

그러나 세법에는 상속이 발생하기 전에 예금 인출 등을 통하여 부당하게 상속재산가액을 낮추면, 인출액을 상속재산으로 추정하는 규정을 두고 있습니다. 이러한 규정을 통해 상속세가 과세되는 재산을 '추정상속재산' 이라고 합니다.

추정상속재산의 요건

추정상속재산은 확실한 상속재산이 아니라, '추정'한 상속재산입니다. 때문에 국세청은 2가지 요건을 모두 갖춘 경우에 한하여 상속세를 부과합니다.

첫 번째, 현금 인출액이 아래 금액 이상이어야 합니다. 사망하기 전 고액의 현금을 인출하여 부당하게 세금을 줄인 경우에 과세하겠다는 취지입니다.

① 사망일 이전 1년 이내에 재산 종류별*로 2억원 이상 인출한 경우
② 사망일 이전 2년 이내에 재산 종류별로 5억원 이상 인출한 경우

*현금 · 예금 · 유가증권, 부동산 · 부동산에 관한 권리, 그 밖의 재산

두 번째, 현금 인출에 대한 사용처가 객관적으로 입증되지 않아야 합니다. 단순히 현금을 인출하였다고 하여 상속재산으로 추정하는 것이 아니라, 인출액 중 사용처가 불분명한 경우에만 상속세를 과세하겠다는 취지입니다.

다만, 상속인의 입장에서 고인이 인출한 금액의 사용처를 모두 밝히기는 어려울 것입니다. 이러한 점을 고려하여 세법에서는, 고인이 인출한 금액의 20%(한도 2억 원)는 사용처를 입증하지 않더라도 과세하지 않는 규정을 두고 있습니다.

자주 묻는 질문

Q. 현금을 인출하였다가 다시 입금하였습니다. 이런 경우도 1년 이내 2억원, 2년 이내 5억원 인출을 판단할 때 인출한 것으로 보나요?

아닙니다. 현금을 인출하였다가, 재입금한 사실이 확인되면 그 금액을 제외하고 판단합니다.

Q. '인출'에는 수표로 출금된 금액도 포함되나요?

네, 맞습니다. 인출은 현금, 수표뿐만 아니라 타인 계좌로 이체된 금전도 포함됩니다.

Q. 고인이 사망 전에 계좌에서 현금을 인출하여 금고에 보관한 금액을 자진하여 신고할 예정입니다. 이 경우, 금융재산상속공제를 받을 수 있나요?

공제받을 수 없습니다. 현금은 금융재산이 아니기에, 금융재산상속공제를 받을 수 없습니다.

Q. 고인이 생활비를 주로 현금인출하여 사용하였습니다. 생활비 사용액만큼은 추정상속재산에서 제외될 수 있을까요?

고인의 연령·직업·경력·소득 및 재산상태에 비추어 볼 때, 사회 통념상 용인되는 수준의 생활비는 추정상속재산에서 제외될 수 있습니다.

CHAPTER 6

그 밖의
자주하는
질문

34.

상속세가 안 나와도
신고해야 하는 이유?

상속세가 안 나오는 경우

　상속세 과세대상은 상속재산에서 상속공제를 차감한 금액입니다. 만약 상속재산보다 상속공제가 더 크다면, 상속세가 발생하지 않습니다. 재산보다 공제액이 더 커 상속세가 발생하지 않는 구간을 '상속세 면제구간'이라고 합니다.

상속재산 〈 상속공제 ⇨ 상속세 면제구간

상속세에서 기본적으로 받을 수 있는 상속공제는 아래 표와 같습니다.

구분	일괄공제	배우자공제	합 계
배우자가 있는 경우	5억원	5억원	10억원
배우자가 없는 경우	5억원	-	5억원

따라서 배우자가 있다면 상속재산 10억원 이하, 배우자가 없다면 상속재산 5억원 이하일 때 상속세가 면제되는 것입니다.

상속세가 안 나와도 신고하면 유리한 경우

상속세 면제구간에 해당한다면 상속세를 신고하지 않는 경우가 많습니다. 상속세가 나오지 않다 보니, 상속세 신고에 실익이 없다고 판단하기 때문입니다.

그러나 상속재산 중에 부동산이 있다면, 상속세 면제

구간이더라도 신고를 고려해보시는 것이 좋습니다. 상속받은 부동산을 언젠가 양도한다면, '양도소득세'를 내야 하기 때문입니다. 양도소득세는 양도차익, 다시 말해 부동산을 양도한 금액과 취득한 가격의 차이에 대하여 부과하는 세금입니다.

양도한 금액 – 취득한 금액
= 양도차익(양도세 과세대상)

상속받은 부동산의 취득가액은 '상속세에서 신고한 상속부동산의 가액'입니다. 그리고 상속세를 신고할 때 부동산은 '시가(시세)'로 하는 것이 원칙입니다.

그런데 만약 상속세를 신고하지 않았다면, 취득가액이 시가(시세)보다 낮은 '공시지가'로 되어있을 수 있습니다. 이렇게 되면, 양도차익이 늘어나서 결과적으로 양도소득세가 증가하게 됩니다.

따라서 상속세 면제구간이라도 부동산을 상속받는 경우, 양도소득세를 고려하여 상속세 신고를 진행하는 것이 좋습니다.

[실제 Case] 상속세 신고를 통한 양도소득세 절세

○ 상속토지의 기준시가 2억원·시가 4억원

구분	신고하지 않는 경우	신고하는 경우	비 고
양도가액	5억원	5억원	
취득가액	2억원	4억원	
양도차익	3억원	1억원	
양도소득세	0.94억	0.18억원	절세액 0.76억원

상속받을 당시 토지의 기준시가가 2억원이었고, 시세는 4억원 이었습니다. 토지를 실제 시세인 4억원에 신고하더라도 상속세 면제구간에 해당하였기에, 시세대로 상속세를 신고하기로 하였습니다. 결론적으로 상속세 신고를 통하여, 총 0.76억원의 양도소득세를 절세할 수 있었던 케이스입니다.

35.

재산분할은
어떻게 하면 좋을까?

상속재산분할협의서
작성의 효과

고인의 유언이 없었다면, 공동상속인은 협의를 통하여 상속재산을 나누어 가집니다. 이때, 가능하면 구두협의보다는 '상속재산분할협의서'를 작성하는 것이 좋습니다.

'상속재산분할협의서'란 상속인들이 각자 어떤 상속재산을 나누어 가질지를 기록한, 일종의 합의서입니다.

물론, 가족끼리 이런 문서까지 작성해야 하는지 의구심을 갖는 분들도 많습니다. 그러나 협의 내용을 문서화하는 것만으로도 다른 상속인들이 함부로 어기거나 고칠 수 없는 안전장치가 될 수 있습니다. 다시 말해, 추후 발생할 수 있는 분쟁을 미연에 방지하는 효과가 있는 것입니다.

가족 전체의
세금을 줄이려면

재산분할을 협의하기 전에 가족 전체의 상속세가 줄어드는 방안이 있다면 고민해보는 것이 좋습니다. 재산분할을 어떻게 하는지에 따라 적용할 수 있는 상속공제가 달라지기 때문입니다.

만약 공동상속인 중에 고인의 배우자가 있다면, '배우자상속공제'를 최대로 받을 수 있도록 분할하는 것이 좋습니다. 배우자상속공제는 배우자가 실제로 얼마를 상속받는지에 따라 최대 30억원까지 공제받을 수 있습

니다. 따라서 배우자가 배우자상속공제를 최대로 받을
수 있는 금액을 설정한 후, 남은 재산을 다른 상속인이
나눠 가진다면 가족 전체의 세금을 줄일 수 있습니다.

또한 '동거주택상속공제'의 적용이 가능한 상속인이
있다면, 그 상속인이 주택을 상속받도록 하는 것이 좋
습니다. 동거주택상속공제는 10년 이상 함께 동거한 상
속인이 상속받는 경우, 최대 6억원까지 공제가 가능합
니다.

따라서 주택은 동거주택상속공제가 적용이 가능한
상속인이, 나머지 재산은 다른 상속인이 받는 형태로
협의한다면 가족 전체의 세금을 줄일 수 있는 좋은 방
안이 될 수 있습니다.

다음 상속을 고려하여
재산분할하려면

간혹 부모 중 한 분이 돌아가시면 가족 간의 분쟁을

피하기 위하여, 부모 중 남은 한 분께 모든 재산을 상속하는 경우가 있습니다. 그러나 추후에 발생할 상속세를 고려한다면, 이러한 방법은 피하는 것이 좋습니다.

[예시] 상속재산이 100억인 경우,
재산분할의 효과 비교

ⓐ 배우자가 모든 재산을 상속받은 경우와, ⓑ 자녀

와 함께 상속받은 경우가 있습니다. 처음 상속이 발생할 때는 동일한 상속세를 내지만, 다음번 상속에서는 재산분할 여부에 따라 상속 후 잔여재산이 18억가량 차이 나는 것을 알 수 있습니다. 따라서 배우자상속공제를 최대로 받을 수 있는 선까지만 배우자가 상속을 받고, 나머지 금액은 남은 상속인들이 받는 것이 유리할 수 있습니다.

유류분 분쟁을 미연에 방지하려면

유류분은 고인의 의사와 상관없이, 법에 따라 유족들이 받을 수 있는 '최소한의 상속지분(법정지분의 50%)'을 의미합니다. 만약 공동상속인 중에서 유류분에 미달하게 상속받는 사람이 있다면, 상속분쟁이 발생할 가능성이 높습니다.

유류분은 말 그대로 최소한의 권리입니다. 따라서 소송을 하게되더라도 유류분만큼에 해당하는 상속재산은 언젠가 돌려줘야합니다. 따라서 공동상속인 중 누군가 가 유류분에 미달하게 상속받았다면, 유류분만큼은 미리 주고 소송을 하지 않는 방향으로 상속재산분할협의서를 작성하시는 것이 좋습니다.

36.

해외거주자도 상속세를
신고해야 할까?

거주자와 비거주자

고인이 해외 이민 등으로 외국의 국적을 취득한 경우, 우리나라 상속세를 내지 않아도 될까요?

세법에서는 국적·영주권 등과 관계없이 '거주자인지, 비거주자인지'에 따라 상속세가 달라질 수 있습니다. 거주자란, 국내에 주소를 두거나 1년에 183일 이상 거소를 두는 사람을 의미합니다. 비거주자란, 거주자에 해당하지 않는 모든 사람을 의미합니다.

상속세에서는 거주자인지, 비거주자인지에 따라 여러 가지 규정을 다르게 적용합니다. 고인이 비거주자인 경우 어떤 차이가 있는지 말씀드리겠습니다.

고인이 비거주자라면 무엇이 달라질까

고인이 비거주자라면, 상속세 신고 시 아래 표와 같은 차이점이 있습니다.

피상속인의 국내거주 여부에 따른 상속세

구분	거주자	비거주자
신고대상	국내외 모든 재산	국내 재산
상속공제	모든 공제항목 적용가능	기초공제(2억원)만 적용가능
신고기한	6개월	9개월

우선, 신고대상의 차이가 있습니다. 거주자는 국내외 모든 재산에 대하여 상속세를 신고해야 하지만, 비거주자는 국내 재산에 대해서만 상속세를 신고하면 됩니다.

또한, 상속세 신고 시 거주자는 각종 상속공제를 적용할 수 있지만, 비거주자는 기초공제(2억원)만 적용이 가능합니다.

마지막으로 신고기한에 차이가 있습니다. 거주자는 상속개시일이 속하는 달의 말일로부터 6개월 이내에 신고해야 하지만, 비거주자는 상속개시일이 속하는 달의 말일로부터 9개월 이내에 신고해야 합니다.

상속인이 외국에 거주한다면

상속인이 해외거주자라도 상속세에서 달라지는 점은 없습니다. 이는 상속세가 '고인'을 기준으로 계산되기 때문입니다.

그러나 상속인이 해외거주자라면 상속 절차상의 차이가 발생할 수 있습니다. 상속재산의 명의를 이전하려면, 주민등록등본·기본증명서·재산분할협의서 등 여러 가지 서류가 필요하기 때문입니다. 국내에 거주하고 있다면 간단히 발급받을 수 있는 서류들도, 해외 현지에서는 발급이 어려운 경우가 많습니다.

또한, 해외 현지에서 서류를 발급받았더라도 국내에서 진위를 확인하기 어려워서, 별도의 인증을 거쳐야 하는 경우가 많습니다. 이러한 절차상의 어려움을 고려하여, 세법에서는 상속인 중 1명이라도 외국에 주소를 둔 경우에 상속세 신고기한을 3개월 더 연장해주고 있습니다.

37.

부동산을 상속받고,
다른 상속인에게
현금으로 정산해도 될까?

상속부동산의 현금정산

부동산을 공동으로 상속받는 상속인들은 여러 가지 고민이 생길 수 있습니다. 부동산 한 채를 공동명의로 상속받으면, 각자 권리를 행사하는 것이 불가능하기 때문입니다. 예를 들어 부동산 담보 대출, 부동산 처분, 임대계약 체결 등 부동산에 관한 권리를 행사하는 상황에는 늘 공동명의인 모두의 동의가 필요합니다.

이러한 고민에 대한 해결책으로, 공동상속인 중 일부

가 부동산을 모두 상속받고 나머지 상속인들에게 현금
으로 정산하는 방법이 있습니다.

상속부동산 현금정산 구조[예시]

예를 들어 설명해 드리겠습니다. 상속인 A, B, C 세 명이 있고, 상속받은 부동산은 15억원의 가치가 있다고 가정해보겠습니다. 이때 상속인 A가 부동산을 단독으로 상속받고, 나머지 상속인(B, C)에게 지분에 대한 대가로 5억원씩 지급할 수 있습니다.

이때, B, C가 받은 현금 5억원은 다른 상속인으로부터 받은 것인데 증여세 문제가 없을까요?

증여세는 무상으로 재산을 이전할 때 발생합니다. B, C가 받은 현금 5억원은 상속받을 부동산을 A에게 양도하고 받은 '대가'에 해당합니다. 따라서 무상으로 재산을 이전하는 것이 아니므로, 증여세는 발생하지 않습니다.

상속부동산
현금정산 시 주의할 점

첫째, 현금을 정산받은 상속인은 양도소득세를 신고해야 합니다. 그러나 양도소득세는 발생하지 않습니다. 상속부동산 현금정산의 경우에는 취득가액(포기한 상속부동산의 지분)과 양도가액(현금 정산금액)의 차이가 없기 때문입니다.

둘째, 상속재산분할협의서에 지분 포기의 대가로 현금을 지급한다는 내용이 포함되어야 합니다. 만약 분할협의서에 이러한 내용이 기재되지 않으면, 지급한 현금은 무상으로 이전된 것으로 보아 증여세가 과세될 수 있습니다.

셋째, 상속세 신고기한(상속개시일이 속하는 달의 말일로부터 6개월) 이내에 정산해야 합니다. 상속세 신고기한 이후에 상속재산을 분할하는 경우, 증여세가 부과될 수 있으니 주의가 필요합니다.

부동산 가격이 오르면 다시 정산해야 할까요?

부동산 가격이 변동하더라도 추가 정산은 하지 않습니다. 이는 상속 개시 당시의 부동산 가격을 기준으로 모든 정산을 마친 것이기 때문입니다. 상속받은 재산가치 변동에 따른 이익이나 손실은 모두 재산을 상속받은 상속인의 몫입니다.

38.

주택을 상속받으면
세금에 어떤 영향이 있을까?

상속주택에 대한 취득세

일반적으로 주택을 구매하는 경우, '주택 수'에 따라서 취득세율이 달라집니다. '주택 수'에 따른 취득세율은 아래와 같습니다.

주택 수	지 역	취득세율
1주택자	–	1% ~ 3%
2주택자	조정대상지역*	8%
	조정대상지역 외	1% ~ 3%
3주택자 이상	조정대상지역	12%
	조정대상지역 외	8%

* 2024년 현재 서울 서초구, 강남구, 송파구, 용산구

다만, 상속은 예기치 못하게 발생하는 경우가 많습니다. 따라서 상속주택에 대하여는 '주택 수'와 관계없이 2.8%의 취득세율이 적용됩니다. (단, 무주택자인 상속인이 주택을 상속받는 경우 0.8%)

주택을 상속받은 이후, 새로운 주택을 구매한다면

주택을 상속받은 이후, 새로운 주택을 구매할 때에도 당연히 취득세를 내야 합니다. 다행인 점은 취득세율 산정기준인 '주택 수'를 판단할 때, 상속주택은 (상속일로부터) 5년간 제외된다는 것입니다. 이는 상속으로 인하여 의도치 않게 주택 수가 늘어남에 따라, 취득세가 중과되는 것을 방지하기 위함입니다.

종합부동산세에
미치는 영향

　종합부동산세는 일정 규모 이상의 부동산을 보유하는 경우 부과되는 세금입니다. 종합부동산세도 취득세와 마찬가지로 주택 수에 따라 세율이 달라집니다. 또한, 종합부동산세율의 기준이 되는 '주택 수'를 산정할 때 상속주택은 (상속일로부터) 5년간 제외됩니다.

　그러나 세율을 적용하는 '주택 수'를 산정할 때 제외된다는 것이지, 상속주택의 종합부동산세가 비과세되는 것은 아닙니다. 상속받은 주택 역시 종합부동산세 과세대상이기에, 기존주택에 합산되어 종합부동산세가 부과됩니다.

> **(5년 이후에도) 주택 수 산정 시 제외되는 경우**
>
> 아래에 해당하는 상속주택은 상속일로부터 5년이 지난 이후
> 에도, 종합부동산세 세율산정의 기준이 되는 '주택 수'에서 제
> 외됩니다.
> ① 수도권 소재의 공시지가 6억원 이하의 상속주택
> ② 비수도권 소재의 공시지가 3억원 이하의 상속주택
> ③ 지분이 40% 이하인 상속주택

양도소득세에 미치는 영향

취득세 · 종합부동산세와 마찬가지로, 상속주택은 사
망일로부터 5년 동안 양도소득세율의 기준인 '주택 수'
산정에서 제외됩니다. 그러나 다른 세금과 달리, 양도
소득세는 '주택 수'에 따라 세금차이가 크게 발생할 수
있습니다.

그 이유는 1세대 1주택 비과세규정 때문입니다. 세법
에서는 국민의 주거안정을 위하여, 1주택자가 아래의 요
건을 모두 갖춘 경우 양도소득세를 부과하지 않습니다.

① 1세대(배우자 및 생계를 같이하는 가족)가 1주택을 보유

② 2년 이상 보유 (조정대상지역*이라면 2년 이상 거주포함)

* 2024년 현재 서울 서초구, 강남구, 송파구, 용산구

위 규정을 토대로, 상속주택의 세금에 대하여 구체적인 사례별로 설명드리겠습니다.

[Case1] 무주택자가 상속받은 경우

무주택자가 주택을 상속받은 경우는 간단합니다. 상속인이 1주택인 상태로 2년 이상을 보유(조정대상지역인 경우 거주요건 포함)한다면 비과세를 받을 수 있습니다.

[Case2] 기존주택 1채 + 상속주택 1채

기존주택을 1채 보유한 상황에서 주택을 추가로 상속받는 케이스입니다. 이 경우에는, 어떤 주택을 먼저 양도하는지에 따라 양도소득세가 달라질 수 있습니다.

① 기존주택을 먼저 양도한다면

기존주택에 대하여 1세대 1주택 비과세요건을 갖
추었다면 양도소득세가 비과세됩니다.

② 상속주택을 먼저 양도한다면

상속주택을 먼저 양도한다면 비과세를 받을 수 없
습니다. 상속일로부터 5년 이내에 양도한다면 일
반세율이, 그 이후에 양도하는 경우에는 중과세율
(비조정지역인 경우에는 일반세율)이 적용됩니다.

구분	시기	세율
1) 기존주택 먼저 양도	5년 이내	비과세
	5년 이후	비과세
2) 상속주택 먼저 양도	5년 이내	일반세율
	5년 이후	중과세율*

* 비조정지역인 경우에는 일반세율

[Case3] 기존 다주택 + 상속주택

기존에 이미 다주택을 보유한 상황에서 주택을 추가로 상속받는 케이스입니다. 기존에 이미 다주택을 보유하였더라도, 상속일로부터 5년 이내에 '상속주택'을 양도하는 경우에는 일반세율이 적용됩니다.

청약과 상속주택

상속인 1명이 단독명의로 상속을 받는 경우 1주택자가 되기 때문에 청약이 어렵습니다. 그러나 공동명의로 상속받는 경우, 청약 부적격 통보를 받은 날로부터 3개월 이내에 다른 사람에게 명의를 이전한다면 청약이 가능합니다.

CHAPTER 7.

부록

[부록1] 상속세 신고 시 필요한 서류

□ **기본서류**

아래의 항목들은 상속세 신고에 필요한 기본서류입니다.

구분	준비서류	발급기관	비고
1	사망진단서	병원	필수
2	고인의 가족관계증명서, 제적등본	주민센터	필수
3	'각' 상속인의 가족관계증명서, 주민등록등본	주민센터	필수
4	고인 및 동거상속인의 주민등록초본	주민센터	동거주택상속공제 적용 시 제출
5	유언장	고인	유언이 없다면 생략가능
6	상속재산분할협의서	상속인	

□ **부동산 관련서류**(해당하는 항목만 제출)

주택 · 상가 · 입주권 · 분양권 등 부동산 관련 상속재산이 있다면 아래의 서류가 필요합니다.

구분	준비서류	발급기관	비고
1	부동산 등기부등본	인터넷 등기소	
2	부동산 임대차계약서	고인	묵시적갱신 시 이전 계약서 제출
3	입주권, 분양권 공급계약서 / 매매계약서	건설사, 조합	
4	저당이 설정된 경우 : 부채잔액증명원	은행	
5	감정을 받은 경우 : 부동산 감정평가서	감정평가사	

□ 금융기관 관련서류(해당하는 항목만 제출)

예금 · 주식 · 펀드 · 국공채 · 보험금 등 금융재산이 있다면 아래의 서류가 필요합니다. 특히, 고인의 10년 치 거래내역은 되도록 엑셀형태로 수령하시는 것이 추후에 사전증여재산을 파악하는 데 용이합니다.

구분	준비서류	발급기관	비고
1	'사망일' 기준 잔액증명서(잔고증명서)	은행, 증권사	
2	'사망일' 전 10년간 고인의 계좌거래내역	은행, 증권사	엑셀
3	보험금이 있는 경우 : 보험금 지급 내역서	보험사	
4	채무가 있는 경우 : '사망일' 기준 부채증명원	금융기관	

□ **장례비, 공과금 등 필요서류**(해당하는 항목만 제출)

장례비, 공과금 등을 지출하신 경우, 아래의 서류가 필요합니다.

구분	준비서류	발급기관	비고
1	장례비 및 장지비용 영수증	장례식장 등	
2	고인이 내야 할 세금을 대신 낸 경우 : 납부서(신고서) 및 이체내역	세무서, 은행	
3	'사망 이후' 고인의 보험료, 통신비, 병원비, 카드 대금 등을 대신 낸 경우 : 각종 영수증	관련 기관	'사망 이전' 대납은 제출 X

그 밖의 상속재산이 있는 경우, 아래의 서류가 필요
합니다.

구분	준비서류	발급기관
1	차량이 있는 경우 : 차량등록증, 취득세영수증	차량등록소
2	고인이 사전에 증여한 재산이 있는 경우 : 증여세 신고서	세무서
3	퇴직금이 있는 경우 : 퇴직소득 원천징수영수증	회사
4	비상장주식이 있는 경우 : 최근 3개년 세무조정계산서	세무사
5	대여금, 채무가 있는 경우 : 차용증 등	고인
6	(골프, 콘도 등) 회원권이 있는 경우 : 회원권 취득계약서	관련 기관
7	무형자산(특허권, 영업권, 저작권 등)이 있는 경우 : 등록증	협회
8	고인이 사업을 운영하신 경우 : 사업자등록증	세무서
9	신탁재산이 있는 경우 : 신탁계약서, 신탁잔액증명서	신탁사
10	기타 이외의 금전적 가치가 있는 모든 상속재산	관련 기관

[부록2] 상속부동산 등기 시 필요서류

□ **고인 기준**

상속받은 부동산의 명의를 이전하기 위해서는 반드시 등기가 필요합니다. 아래의 항목들은 '고인' 기준으로 발급받아야 하는 서류입니다.

구분	준비서류	발급기관
1	제적등본 (입적된 제적등본 일체)	
2	가족관계증명서 (상세)	
3	기본증명서 (상세)	
4	친양자입양관계증명서	주민센터
5	혼인관계증명서	
6	입양관계증명서	
7	주민등록말소자 초본	

□ **상속인 기준**

아래의 항목들은 '상속인' 기준으로 발급받아야 하는 서류입니다. 만약 상속인이 여러 명이라면, '각각' 발급받아야 합니다.

구분	준비서류	발급기관
1	주민등록등본	주민센터
2	가족관계증명서 (상세)	
3	기본증명서 (상세)	
4	인감증명서 (상속부동산 지역별로 1부씩)	
5	신분증 사본	본인
6	인감도장	
7	상속재산분할협의서	상속인

상속재산분할협의서 작성 시 유의사항

"반드시 공동상속인 전원이 참여해야 합니다."

"공동상속인 전원의 인감도장날인이 필요합니다."

"상속재산내역과 분할내역이 상세하게 기재되어야 합니다."

"상속개시일이 속한 달의 말일로부터 6개월 이내에 해야 합니다."

(부동산 취득록세 및 상속세 납부기한 내에)

[상속재산분할협의서 예시]

상속재산분할협의서

○○년 ○○월 ○○일, 故 홍길동(451231-1234567, 서울시 서초구 법원로3길)의 사망으로 개시된 상속에 있어 공동상속인 A, B, C는 다음과 같이 상속재산을 분할하기로 한다.

– 다 음 –

1. 상속재산 중 ○○시 ○○구 ○○동 주공아파트 101동 103호는 상속인 A의 소유로 한다.

2. 상속재산 중 □□시 □□구 □□동 □□상가건물 102호는 상속인 B가 1/2, 상속인 C가 1/2의 지분으로 소유하기로 한다.

3. 상속재산 중 그 밖의 예금, 차량운반구 등은 상속인 C가 소유하기로 한다.

위 협의를 증명하기 위하여 협의서 3통을 작성하고 각 공동상속인 전원은 아래와 같이 인감도장을 날인한 후 인감증명서를 첨부하여 각자 1통씩 보유한다.

○○년 ○○월 ○○일

성명 :　　　　(인)
주소 :
주민등록번호 :

성명 :　　　　(인)
주소 :
주민등록번호 :

성명 :　　　　(인)
주소 :
주민등록번호 :

[부록3] 상속세 계산구조

총상속재산가액	······	· 상속재산가액 : 국내외 소재 모든 재산 · 상속재산에 가산하는 추정상속재산
⊖ 공과금,장례비용,채무		
⊕ 사전증여재산	······	· 10년(5년) 이내에 증여한 재산
= 상속세 과세가액	······	· (기초공제+그 밖의 인적공제)와 일괄공제(5억) 중 큰 금액
⊖ 상속공제		· 가업·영농상속공제 · 배우자공제 · 금융재산 상속공제
⊖ 감정평가수수료		· 재해손실공제 · 동거주택 상속공제
= 상속세 과세표준		
⊗ 세 율	······	10 % ~ 50 %
= 상속세 산출세액	······	· (상속세 과세표준 × 세율) - 누진공제액
⊕ 세대생략할증세액	······	· 세대를 건너뛴 상속 : 30% 할증
⊖ 세액공제	······	· 증여세액공제 · 단기재상속세액공제 · 신고세액공제
= 상속세 납부세액	······	· 최종으로 납부할 세액

[부록4] 놓치기 쉬운 상속세 체크리스트

구분	체크 사항	확인
1	고인께서 비거주자에 해당하는지?	
2	누락하기 쉬운 재산(회원권, 가상자산 등) 모두 반영되었는지?	
3	고인 명의 보험 외 상속재산에 포함되는 보험금 모두 반영되었는지?	
4	사전증여재산(상속인 10년, 상속인 외 5년) 모두 반영되었는지?	
5	그 밖의 누락한 상속재산이 없는지?	
6	고인께서 종합소득세 신고 대상에 해당하시는지?	
7	단기 재상속(10년 이내)에 해당하는지?	
8	공과금/장례비/채무 공제 적용되었는지?	
9	상조회사 가입비용, 자연장지 비용 반영되었는지?	
10	비과세 재산(국가 등에 유증한 재산 등)은 없는지?	
11	그 밖의 상속공제가 모두 반영되었는지?	
12	상속인 중에 손자녀 등 세대를 생략하여 상속받는 사람이 있는지?	
13	외국에 납부한 상속세가 있는지?	
14	신고기한을 준수하였는지?	
15	증여세액공제 적용되었는지?	
16	알맞은 납부 방법(분납, 연부연납, 물납)이 고려되었는지?	

[부록5] 최근 상속세 개정사항

① 상속재산 평가방법 차이로 인한 가산세 적용제외

현행	개정안
□ **납부지연가산세 적용제외**	□ **적용제외 확대**
○ 상속재산(증여재산)에 대한 **평가심의위원회**의 **평가방법 차이**로 상속·증여세액의 납부지연이 발생한 경우(시행령)	○ 상속재산(증여재산)의 **평가방법 차이**로 상속·증여세액의 납부지연이 발생한 경우(시행령) (과소신고가산세 적용제외 사유와 동일)

개정이유와 적용시기

상속·증여재산 평가차이로 발생하는 가산세의 합리적인 적용을 위해 개정되었으며, 개정내용은 24년 중 적용 예정.

② 가업상속공제 사후관리요건 완화

현행	개정안
□ 가업상속공제 사후관리 요건	□ 사후관리 요건 완화
○ 상속인의 가업종사	○ 업종 유지요건 완화
– 표준산업분류상 **중분류** 내 업종변경 허용	– 중분류 → 대분류

개정이유와 적용시기

가업상속 지원을 통해 경제활력을 제고하기 위해 업종 유지 요건을 완화하도록 개정되었으며, 개정내용은 24년 중 적용 예정.

③ 상속세 인적공제대상에 태아 포함

현행	개정안
□ 상속세 인적공제대상	□ 공제대상 추가
○ **(자녀공제)** 자녀 ○ **(미성년자공제)** 상속인 및 동거가족 중 미성년자	○ 자녀공제 및 미성년자공제 대상에 **태아 포함**

개정이유와 적용시기

상속세 인적공제 제도의 취지를 반영하여 인적공제대상에 태아를 포함하도록 개정되었으며, 개정내용은 '23.1.1. 이후 상속이 개시되는 분부터 적용.

④ 일시적 2주택 등 1세대 1주택자 주택 수 종합부동산세 특례

현행	개정안

〈신 설〉	□ 일시적 2주택·상속주택·지방 저가주택에 대한 1세대 1주택자 주택수 종부세 특례
	○ (대상) 다음 중 하나의 요건을 충족하는 경우
	  ❷ (상속주택) 1세대 1주택자가 상속을 원인으로 취득한 주택*을 함께 보유하는 경우
	   * 상속개시일부터 5년이 경과하지 않은 주택
	   – 다만, ①저가주택(공시가격 수도권 6억원, 비수도권 3억원 이하) 또는 ②소액지분(상속주택 지분 40% 이하)인 경우 기간제한 없음
	
	○ (특례) 1세대 1주택자 판정 시 주택 수에서 제외
	  * 과세표준에는 해당 주택 공시가격을 합산하여 과세
	  – (기본공제) '22년 : 14억원(특별공제 3억원 포함)
	              '23년 이후 : 12억원
	  – (고령자·장기보유 세액공제) 일시적 2주택, 상속주택, 지방 저가주택 외 주택에 해당하는 세액에 대해 적용
	
	○ (절차) 9.16.~9.30.까지 관할세무서장에게 신청
	
	○ (사후관리) 요건 미충족 시 주택 수에 합산하고 경감세액 및 이자상당가산액 추징*
	  * (1세대 1주택자가 아닌 것으로 보아 계산한 세액 – 1세대 1주택자로 보아 계산한 세액) + 이자상당가산액

개정이유와 적용시기

부득이한 사정으로 발생하는 과중한 종합부동산세 부담을 경감하기 위해 개정되었으며, 개정내용은 '22.1.1. 이후 상속세 신고분부터 적용.

⑤ 가상자산을 통한 상속 · 증여
부과제척기간 특례 신설

현행	개정안
▢ 상속 · 증여세 부과제척기간	▢ 부과제척기간 **특례대상 추가**
○ **(원칙) 10년*** 　* 단, 포탈 등의 경우는 15년 ○ **(특례)** 다음의 경우는 10년 경과 후에 　도 안 날로부터 1년(재산가액 50억원 　초과에 한정) 　－ 국외재산, 등기 · 등록 또는 명의개 　　서가 필요하지 않은 유가증권 · 서 　　화 · 골동품 등을 상속 · 증여받은 　　경우 　－ 비거주자인 피상속인의 국내재산 　　을 상속인이 취득한 경우 등	○ (좌 동)
〈추 가〉	－ **국내가상사업자를 통하지 않고*,** 　**가상자산을 상속 · 증여받은 경우** 　* (예) 해외거래소 또는 　　개인간 거래(P2P) 등의 방법

개정이유와 적용시기

가상자산을 통한 상속 · 증여세 포탈을 방지하기 위해 개정되었으며, 개정내용은 '23.1.1. 이후 가상자산을 상속 · 증여받는 분부터 적용.